빅프라핏

BIG PROFIT

사회를 변화시키며 수익을 내는 비즈니스 모델

빅프라핏

신현암 · 이방실 지음

흐름출판

서론

흐르지 않는 돈은 썩는다

"신 상무님, 이번에 동아일보에서 포럼을 개최하는데, 오후 질의응답 세션 진행을 부탁드려도 될까요?"

"주제가 뭔가요?

"공유가치창출Creating Shared Value, CSV입니다. 꼭 맡아주시면 좋겠어요. 아무리 생각해도 이 분야에 상무님만 한 전문가가 없네요."

나와 이방실 기자의 본격적인 만남은 2011년 초여름 전화 한 통으로 시작됐다. 당시 동아일보는 비즈니스에 특화된 포럼(동아비즈니스포럼)을 기획 중이었고, 그 첫 행사 주제로 CSV를 택했다. 초청 연사는 CSV 개념을 주창한 하버드비즈니스스쿨의 마이클 포터 교수와 FSGFoundation Strategy Group의 마크 크레이머 대표였다.

세계적인 경영 석학을 초청한다는 사실에도 관심이 갔지만, 자본주의의 새로운 대안으로 주목받기 시작한 CSV를 다룬다는 점이 기뻤다. CSV는 마이클 포터와 마크 크레이머가 2011년 초 〈하버드비즈니스리뷰〉에 '자본주의를 치유해 성장의 새로운 물꼬를 트는 방법How to fix capitalism and unleash a new wave of growth'이라는 논문을 발표하며 제시한 개념이다. 당시 삼성경제연구소 사회공헌연구실장으로 재직하던 나는 CSV처럼 기업이 이윤을 추구하면서도 더 큰 가치를 목표로 할 수 있다는 개념에 매료돼 있었다.

어떤 상황에서도 기업이 추구해야 할 기본 목적은 이윤창출이다.

하지만 이윤창출과 기업의 탐욕은 분명히 다르며 기업은 이윤을 넘어 보다 큰 가치 추구를 통해 사회에 기여해야 한다.

기업이 '이윤을 넘어서는 무언가'를 추구해야 한다는 아이디어는 오래 전부터 있어왔다. 매킨지 출신의 경영사상가 톰 피터스는 《초우량기업의 조건In Search of Excellence》에서 "기업 경영에 대한 단 하나의 황금률이자 초우량기업에 대한 연구를 통해 얻어낸 단 하나의 진리가 있다면 그건 바로 '가치에 근거한 실천'"이라고 지적한 바 있다. "이윤이 사업의 전부라는 말은 숨 쉬는 것이 삶의 전부라고 말하는 것과 같으며, 최고의 기업들은 단지 돈 버는 것에만 관심을 기울이지 않고 그 외의 의미도 만들어 나갈 줄 안다"는 게 그의 주장이다.

또 다른 경영 컨설턴트인 짐 콜린스 역시《성공하는 기업들의 8가지 습관Built to Last》에서 비슷한 아이디어를 제시했다. 그는 탁월한 성과를 내는 비전 기업visionary company이 동종업계 비교 기업comparison company보다 뛰어난 점이 무엇이었는지를 분석한 결과, 비전 기업은 비교 기업과 달리 이윤 추구를 넘어서는 확고한 핵심 이념core ideology을 가지고 있다는 사실을 발견했다.

즉, 경제적 이익이나 근시안적 기대치와 절대 타협하지 않고 시간을 넘어 계승되는 영속적 신념을 갖고 있느냐가 비전 기업과 비교 기업을 가르는 가장 큰 차이라는 통찰을 제시했다.

이후로도 많은 경영학자들이 기업 경영에서 가치의 중요성에 대해 이야기를 했다. 하지만 대부분의 논의는 이윤 창출을 넘어서는 가치 추구가 중요하다는 화두를 던질 뿐, 구체적으로 이를 실현해낼 방안에 대해서는 깊게 파고들지 않았다. 이런 측면에서 CSV는 경제적 이윤 창출 행위를 사회문제 해결과 연결시켜 기업이 추구해야 할 가치의 구체적인 방향성과 실천 방안을 제시했다는 데 그 의의가 있다.

포럼 이후로 이방실 기자와 나는 많은 이야기를 나눴다. 오랜 기간 경제연구소에 몸담아왔던 나는 벤치마킹을 삼을 만한 해외 기업 사례들을 지속적으로 탐구하는 게 일상이었다.

그런 내가 새롭게 발견한 트렌드가 있었다. 돈을 버는 것 외에 그 이상의 일을 하고 있는 기업들이 눈에 띄게 늘어나고 있다는 사실이었다. 이중에는 유명한 글로벌 기업도 있었지만 중소기업은 물론 스타트업에 이르기까지 다양했다. 이들은 단순히 이익을 많이 내는 데서 그치지 않고 사회에도 기여함으로써 사람들의 사랑과 존경을 받고 있었다. 나는 이들의 전략과 사례를 국내에 알려야 한다는 책임감을 느꼈다.

이방실 기자 역시 마찬가지였다. 〈DBR(동아비즈니스리뷰)〉에 사회적 기업을 주제로 한 스페셜 리포트를 기획해 다루고, 사회적 기업가를 발굴·양성하는 국제 비영리조직인 아쇼카Ashoka의 활동을 취재하는 등 사회적 가치 추구를 위해 헌신하는 기업 및 기업가 사례들을 소개하는 데 애썼다.

이방실 기자는 기술과 창의성을 원동력으로 삼아 지속가능한 비즈니스 모델 구축에 성공한 글로벌 사례를 발굴하는 데 관심이 많았다. 사회적 기업이 정부 정책과 맞물려 '저소득 취약계층을 위한 고용 창출 수단'으로만 편향되게 부각되고 있는 국내 현실을 개선하고 싶어 했기 때문이다.

연구소와 언론사라는 각자의 자리에서 일하던 우리는 향후 기업이 나아가야 할 방향에 대해 서로의 생각을 허심탄회하게 나눴다. 논의를 거듭하면서 우리는 하나의 결론에 도달했다.

'수익을 내면서 사회문제를 해결하는 성장 전략'이 향후 기업경영의 핵심이 될 것이며, '목적의식'과 '사명'에 붙들린 기업이야말로 모든 기업이 추구해야 할 지향점이다.

어느새 우리는 이익을 뛰어넘어 사회에 기여하는 글로벌 기업들의 사례를 수집해 한국 사회에 전파하고 싶다는 꿈을 갖게 됐다. 이것이 첫 공동 저서가 나오게 된 배경이다.

1955년 〈포춘〉은 기업순위(500대 기업)를 발표하기 시작했다. 당시 선정 기준은 외형(매출액)으로, GM이 맨 위에 이름을 올렸다. 이후 40여 년이 지났다. 1997년 〈포춘〉은 가장 존경받는 기업World's Most Admired Companies순위를 발표하기 시작했다. 외형이 전부가 아니라는 사회적 인식을 반영한 것이다. 이어 2015년부터는 세상을 바꾼 기업Change the World의 순위를 발표하고 있다.

지난 반세기 동안 일어난 기업 순위 책정 기준의 변화는, 위대한 기업에 대한 평가가 양에서 질로, 질에서 격으로 진화하고 있다는 걸 뜻한다. 즉, 이윤 극대화를 지향하는 것으로 충분했던 수준에서 소비자들의 마음을 움직이는 것으로, 여기서 한 단계 더 나아가 사회에 긍정적인 변화를 불러일으키는 기업으로 이상적 기업관이 변하고 있다.

우리는 이렇게 새로운 시대가 요구하는 가치관에 부합하는 기업을 빅프라핏Big Profit 기업이라고 명명했다. 빅프라핏 기업은 한마디로 '목적 있는 성과'를 추구하는 기업이다. 이윤창출과 지속경영을 기본으로 삼되 이윤창출의 궁극적 목적을 사회문제 해결에 두는 기업이다.

우리는 전 세계에서 다양한 벤치마킹 기업 사례들을 발굴해 그중에서 국내 기업들이 참고할 만한 사례 40여 개를 추려냈다. 이 중 일부는 〈DBR〉에 소개하기도 했다.

이 책에 제시된 사례들 모두가 완전히 새로운 혁신 상품을 만들거나 대단한 기술, 천재적인 마케팅 능력을 가지고 있는 건 아니다. 오히려 신발(탐스슈즈)과 시멘트(시멕스)를 팔고, 식당(타니타)을 운영하며, 청소기(카쳐)를 만드는, 어떻게 보면 지극히 평범한 회사들이다. 업종만큼 업력도 다양해서 100년이 넘는 기업(타타)이 있는가 하면 스타트업(이노센트)도 있다. 겉으로 봐선 공통점을 찾기 힘들다.

하지만 그 안을 들여다보면 한 가지 관통하는 사실이 있다. 이들 모두 공공의 영역으로 여겨졌던 사회문제에서 새로운 사업 기회를 찾아내 이를 '사회공헌, 기업가치, 이익증대'의 선순환 구조로 연결시켜 지속가능한 성장을 구현할 수 있는 비즈니스 모델을 만들어냈다.

우리는 이 책에서 수익창출과 사회문제 해결을 동시에 이뤄낸 기업들의 전략을 마이클 포터 교수의 가치사슬value chain 개념을 활용해 분석했다. 이 책에 소개된 기업들의 비즈니스 모델을 연구하며 본인이 처해 있는 환경에 응용해본다면 분명 새로운 이익의 원천을 발견할 수 있을 것이다. 비즈니스와 사회공헌을 연결시킨 신생 기업들의 전략은 신성장 동력을 찾는 기업이나 창업을 꿈꾸는 이들 모두에게 영감을 불어넣으리라 믿는다. 이는 경영과 기업, 사회를 바라보는 우리의 고정관념을 바꿀 계기가 되리라 확신한다.

이스라엘에 가면 갈릴리 호수와 사해를 만날 수 있다. 갈릴리 호수는 헤르몬산에서 발원한 물을 받아 요단강으로 흘려보낸다. 반면 사해는 요단강의 물을 받기만 하고 어느 곳으로도 보내지 않는다. 그래서 어떤 생물도 살지 못하는 죽은 바다가 됐다. 고이면 썩는 게 어디 물뿐일까. 기업이 벌어들인 이익도 마찬가지다. 기존 기업이든 스타트업이든 경영을 하는 누구나가 사회에 이익이 되는 일을 하면서 돈을 벌 수 있는 방법이 무궁무진하다는 점을 깨달았으면 좋겠다. 우리가 소개하는 사례들을 통해 독자들이 실용적인 영감을 얻는다면, 저자들은 그저 감사할 따름이다.

2017년 첫눈을 기다리며
신현암, 이방실

2부 **어떻게 수익을 내며 사회문제를 해결할 것인가**
_가치사슬 기반 분석

4부 4차 산업혁명 시대, 진화하는 사회공헌 모델

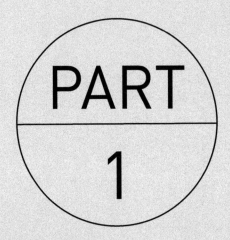

PART

1

우리는 사회문제에서
돈 버는 기회를 찾았다

한 차원 높은 가치를 선도하는 기업은 선 이윤, 후 사회공헌이 아니라 수익을
창출하는 과정에서 사회문제를 해결한다. – 마이클 포터

01
당신의 업은
무엇입니까

체중계 만드는 회사,
식당을 열다

2017년 8월 초의 도쿄는 서울보다는 덜했지만 몹시 무더웠다. 첫 주 토요일 점심 무렵, 땀을 삐질삐질 흘리며 사무실이 밀집된 지역인 마루노우치의 타니타Tanita 식당을 방문했다. 오후 1시가 넘었음에도 자리가 어느 정도 차 있었다. 토요일 오후에 이 정도라면 평일은 어떨지 대충 짐작이 갔다. 식당 정면 오른쪽에 메뉴판이 세워져 있었다. 식당의 메뉴는 단 두 가지. 매일 바뀌는 정식과 일주일마다 바뀌는 정식이 전부였다.

직원에게 주문방법을 물어보니 자동판매기를 이용하란다. 눈치껏 식권을 뽑은 뒤 배식대로 갔다. 먼저 할 일은 밥공기에 밥을 담는 일이다.

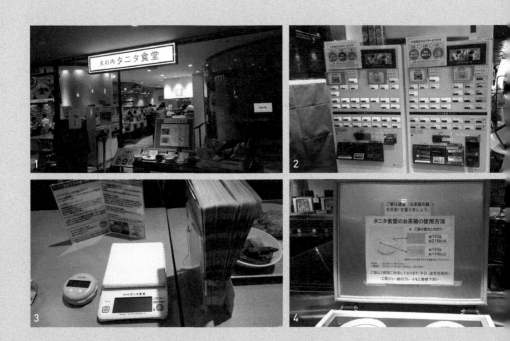

타니타 식당(도쿄 마루노우치점)은 고객의 건강관리를 위해 메뉴부터 동선, 식사법까지
세심하게 설계돼 있다.

① 타니타 식당 입구 ② 식권 자판기
③ 식탁마다 놓여 있는 타이머와 저울 ④ 밥 공기 눈금의 칼로리와 무게를 적어놓은 안내문

그런데 밥공기가 흥미롭다. 공기 안쪽에 두 줄의 눈금이 있다. 안내문을 보니 아래쪽 눈금은 100g, 144kcal, 위쪽 눈금은 150g, 216kcal이다.

이 눈금을 참고해 현미, 백미 중에서 주걱으로 적당히 덜어 담는다. 그 다음 배식대로 간다. 구입한 식권에 맞춰 식판에 반찬 그릇을 놓는다. 그러고는 식탁에 와서 식사를 시작한다. 식탁마다 20분을 가리키는 타이머가 놓여 있다. 20분 동안, 천천히 꼭꼭 씹어 먹으라는 의미다. 잠시 후 식당 안에 이곳저곳을 두리번거리며 사진을 찍는 커플이 등장했다. 중국어로 대화하는 것을 보니 사진을 SNS에 올리려는 모양이다. 하긴 나도 부지런히 사진을 찍어댔으니 식당에서 사진을 찍는 매너에 대해 뭐라 이야기할 처지는 아니었다.

개장한 지 5년이 넘었지만 타니타 식당의 인기는 여전했다(개장 초기에는 11시에 점심을 먹기 위해 아침 8시부터 줄을 서야 할 정도였다고 한다). 타니타 식당의 음식 조리법을 소개한 요리책이 베스트셀러가 되고, 각종 매체에 소개되는 것은 물론 식당 이름을 내건 TV 드라마까지 제작될 정도다.

뉴욕, 파리, 밀라노 못지않게 패션의 도시로 성장한 도쿄. 식당이나 카페 수준도 세계 어느 도시와 비교해도 손색이 없다. 동네 숨은 맛집부터 미슐랭 쓰리스타 레스토랑까지 다양한 음식점이 공존하는 도쿄에서 회사직원이 이용하는 '사원식당'이 어떻게 내로라하는 맛집들을 제치고 일본인들의 사랑을 받게 됐을까?

타니타는 1992년 세계 최초로 체지방계를 만든 회사다. 원래는 통신 기기 부품 회사로 출발했다. 그러다 1959년 당시 최고경영자가 미국 출장길에서 각 가정마다 체중계가 놓여 있는 것을 보고 감명을 받는다. 이후 타니타는 가정용 체중계를 생산하며 건강계측기기 전문회사로 변신했다. 여기까지는 기업이 신규사업 또는 신제품을 생산하는 일반적인 프로세스와 유사하다. 해외 벤치마킹이 다 이런 것 아니겠는가.

하드웨어 제품생산에 주력하던 타니타는 현재 '건강을 측정한다'는 모토 아래 식사, 운동, 휴식, 질병 등 건강과 관련된 모든 것을 측정하는 헬스케어 기업으로 진화하고 있다. 이 또한 당연해 보인다. 하드웨어에서 소프트웨어로 넘어가는 것은 시대적 흐름이다. 이 흐름을 놓치고 쇠락의 길로 접어든 기업의 사례는 차고 넘친다. 그런데 사원식당을, 그것도 일반 고객을 상대로 외부에 오픈한 까닭은 무엇인지 선뜻 이해가 되지 않는다. 여기에는 흥미로운 일화가 숨어 있다.

과거 일본에서는 회사가 어느 정도 성장 궤도에 오르면, 사옥을 짓고 사원식당을 마련하는 게 일종의 관례였다. 외부에서 먹는 점심식사보다 영양사가 챙겨주는 구내식당 점심이 시간도 절약되고 직원 복지에도 좋았을 것이다. 타니타도 1999년 본사 건물 1층에 직원식당을 열었다. 하지만 처음부터 직원전용으로 문을 연 것은 아니었다.

타니타는 '체중이 아닌 건강을 측정'하는 기업으로 변신하고자 했다. 다양한 마케팅 활동 중의 하나가 지역주민의 건강 상태를 측정하는 캠페인이었는데, 이 캠페인에 참가하는 지역주민의 식습관과 운동을 지도하기 위해 식당을 열기로 한 것이다. 이왕 차린 식당이니 회사직원에게도 몸에 좋은 음식을 먹도록 개방하는 게 어떻겠느냐는 의견을 받아들여 직원들도 이용할 수 있는 식당으로 만든 것이 타니타 식당의 시작이었다. 그런데 직원들로 붐벼야 할 식당이 인기가 없었다.

다니타 다이스게谷田大輔 사장이 오랜만에 식당을 방문했을 때도 마찬가지였다고 한다. 비만 치료차 식당을 방문한 지역주민 틈에서 식사하고 있는 직원은 채 20여 명이 되지 않았다.

원인은 메뉴. 닭가슴살 샐러드와 현미 주먹밥은 사장이 봐도 입맛이 돌지 않았다. 행복해야 할 점심시간이지만, 직원들의 표정은 불만으로 가득했다. 대충 식사를 마치고 직원식당을 나서는 사장의 눈에 외식하고 돌아오는 직원들의 모습이 보였다.

아랫배가 임신부처럼 볼록한 총무팀 직원, 셔츠가 금방이라도 터질 것 같은 상품개발팀 직원 등 소비자에게 '비만은 암과 같은 질병'이라며 다이어트를 독려하는 회사의 직원이라기에는 너무나도 앞뒤가 안 맞았다. 사장의 마음속에는 이 모순을 해결하는 것이 회사를 변화시키는 첫 번째 방법이라는 확신이 섰다.

다음날부터 사장은 매일 점심을 직원식당에서 먹었다. "맛없다" "병원 환자식 같다" "직원식당 밥은 금방 배가 고파진다"는 다양한 불만이 관찰됐다. 그동안 칼로리와 염분을 낮추기 위해 저염식, 소식을 강조했던 식단이 불만의 원천이었던 것이다.

저염분과 저칼로리는 피할 수 없다. 그러면서도 맛있고 배불러야 한다는 조건 또한 충족시켜야 했다. 사장은 영양사 팀과 머리를 맞대었다. 색감, 맛, 계절감을 느낄 수 있는 식단을 구상했다. 고기, 덮밥, 튀김도 제공했다. 틈틈이 동남아, 유럽, 심지어 아프리카의 대표 요리도 메뉴에 넣었다. 식사를 통해 얻는 효과도 생생히 전달했다. 어떤 날은 당뇨병 예방, 어떤 날은 변비 해소, 어떤 날은 칼슘 보충 등 건강한 식단을 통해 얻을 수 있는 구체적인 혜택을 알려줬다.

성공사례가 등장하면 금세 입소문이 나기 마련이다. 배불뚝이 총무팀 직원이 1년 만에 21kg 감량에 성공했다는 사실이 사내에 전파되면서 식당은 직원들로 붐비기 시작했다. 대부분이 체중 변화, 콜레스테롤 수치 변화를 체험했다. 심지어 감기에 잘 걸리지 않게 됐다는 직원도 등장했다.

맛과 영양이라는 두 마리 토끼를 한꺼번에 잡은 이야기는 2009년 NHK의 전파를 탔다. 일본 전역에서 관심이 들끓었다. 메뉴를 집대성한 책자는 500만 부 이상 팔리며 2010년 무라카미 하루키의《1Q84》를 누르고 종합 베스트셀러 1위를 차지했다.

2012년 1월에는 타니타 본사 구내식당 외에서도 먹을 수 있는 장소를 제공해달라는 열화와 같은 요청에 따라 마루노우치에 '타니타 식당'이라는 이름의 레스토랑을 오픈했다. 같은 해 6월에는 동일본 관동 병원에도 식당을 개설했다.

2016년 1월에는 타니타 식당의 본격 확대를 알렸다. 2019년말까지 홋카이도에서 오키나와에 이르는 일본 47개 현마다, 최소한 1개 식당을 개설하기로 했다. 타니타가 검수한 도시락 상품도 판매하고, 저녁식사와 아침식사를 집으로 배달하는 사업도 시작했다. 사원의 건강을 증진시키겠다는 사장의 생각이 신규사업으로 이어진 것이다.

지금은 차남에게 회사를 넘겨줬지만, 당시 회사를 이끌었던 다니타 다이스케 전 사장의 생각의 흐름을 따라가보자.

그가 본격적으로 경영에 참여했던 1983년에 타니타는 라이터, 토스터, 체중계를 만들고 있었다. 그러나 회사는 적자 구조에 빠져 있었고 이를 타개하기 위해 라이터와 토스터 사업을 포기했다. 구조조정도 단행했다. 대신 '세계 최고의 체중계'를 만들고자 했다. 그의 머릿속에는 '체중이란 무엇인가' '몸무게는 왜 늘어나며, 어떻게 해야 줄일 수 있을 것인가'에 대한 상념으로 가득 차 있었다고 한다. 그러다 체중과 건강이란 단어를 연결시킨다. 곧 비만의 문제가 체중이 아닌 지방에 있다는 새로운 사실을 깨닫고 체지방계를 구상하게 된다.

'체중을 측정한다'에서 '건강을 측정한다'로 개념을 확장시킨 것이다. 덕분에 '운동, 영양섭취, 휴양'이라는 3개의 키워드를 찾을 수 있었다. 업業의 개념을 제대로 잡은 것이다. 체중 측정을 넘어 건강 측정으로 사고를 확장시키면서 영양섭취라는 단어를 연결시켰다. 사옥에 식당을 설치한 것이 사고 확장의 일환이다.

여기서 멈추지 않고 종업원의 건강을 생각했다. 사장과 영양사 팀의 노력은 하루 한 끼 구내식당 식사만으로 21kg 감량이라는 신화를 만들어냈다. 종업원을 넘어, 사회구성원 모두의 건강까지 생각하는 마음이 내부 자료를 모아 책으로 출간하는 아이디어를 이끌어냈다. 대표 영양사인 오기노 나나코는 500만 부 이상 팔린 슈퍼 베스트셀러 저자로 명성을 높였다. 이는 다시 사내식당의 외부 오픈을 거쳐, 일본의 모든 현에 최소한 1개 이상의 사내식당을 개설하고, 도시락을 검수하며, 저녁과 아침을 배달하는 사업에 이르기까지 업의 영역을 확장시켰다.

다니타 사장이 손익계산서 상의 이익만을 추구했다면 어떻게 됐을까? 체중계를 만드는 회사인 만큼 더 예쁘고, 더 가볍고, 더 스마트한 체중계를 만들지 않았을까? 4차 산업혁명이 한창 유행인 요즘에는 센서가 부착된 체중계를 개발하지 않았을까? 일반적인 경영자라면 이 정도 상상만으로도 벅차다.

하지만 다니타 사장은 '회사의 존재 이유'에 대해 고민했다.

'우리 회사는 무엇을 하는 회사인가? 체중계를 만드는 회사다. 사람들은 체중을 왜 재는가? 건강을 측정하기 위해서다. 건강의 적은 무엇인가? 비만이다. 비만을 해결하려면 어떻게 해야 하는가? 체지방을 잡아야 한다. 체지방을 줄이려면 어떻게 해야 하는가? 운동 못지않게 식생활을 관리해야 한다.' 아마 다니타 사장의 생각 흐름을 정리해보면 이렇게 요약할 수 있지 않을까.

이익을 넘어 업과 회사의 존재 이유를 고민했더니, 새로운 사업 기회가 생겨났고 기업의 이익으로 연결됐다. 사회에 큰 기여를 한 것은 두말하면 입이 아프다.

이익은 피,
사회공헌은 심장

기업에 있어 이익은 우리 몸의 혈액과 같다. 피가 돌지 않으면 죽듯이 기업 또한 이익이 나지 않으면 죽는다. 이익은 기업의 생명과 직결된다. 그런데 혈액 보충이 우리 삶의 목표가 될 수 있을까? 깨끗한 피를 갖고 건강하게 생활하는 것은 우리 삶에서 추구해야 하는 여러 가지 지향점 중의 하나일 뿐이다. 이익 또한 기업이 추구해야 하는 여러 가치 중의 하나다. 이익보다 중요한 가치, 이익보다 앞서야 하는 가치는 얼마든지 많다.

어떤 가치들이 이익보다 앞서야 할까? 이익보다 먼저 추구하면 결과적으로 더 많은 이익을 가져오는 가치는 어떤 것이 있을까?

우선 고객 만족이 있다. 고객 만족의 중요성과 그 사례는 워낙 많으니 여기서까지 자세히 설명할 필요는 없을 듯하다.

종업원 만족은 어떨까? 급여는 종업원 만족의 중요한 척도다. 헨리 포드가 '모델T' 자동차를 본격 생산한 것은 1908년이다. 그런데 잘 알려지지 않은 사실이 하나 있다. 헨리 포드는 자동차 대량생산과 더불어 1914년 직원들의 임금을 대폭 올린다. 당시 최소 일당이 2.34달러였는데, 포드는 5달러를 지불하기로 했다.

숫자를 좀 더 가슴에 와닿게 고쳐보자. 어느 분야 업계 평균 연봉이 2340만 원인데 5000만 원 주는 회사가 등장했다. 인재가 몰리는 것은 당연하지 않겠는가? 임금을 두 배로 올렸는데도 포드의 이익은 늘어났다. 어떻게 이익이 늘어났을까?

비결은 이직률에 있다. 그전까지 포드의 이직률은 연 370%였다. 100명이 근무하는데 매년 370명이 퇴직한다는 뜻이다. 작업 노하우가 쌓일

틈이 없다. 컨베이어 시스템의 속성상 옆자리 동료와 호흡이 잘 맞아야 하는데 그럴 시간조차 없다. 이래선 생산성 향상은 기대할 수 없다.

임금을 높임으로써 노동자들의 이직률이 떨어졌을 뿐 아니라 더 열심히 일하게 됐다. 이는 급여상승 이상의 생산성 향상을 가져왔다. 임금이 높은 직장에서 일한다는 자부심도 생산성에 알게 모르게 영향을 미친다.

임금인상은 포드가 추구하던 자동차 대중화 전략과도 관계가 있다. 포드 자동차는 1908년부터 1927년까지 무려 1500만 대가 팔렸다. 다 누가 샀겠는가? 임금이 오른 근로자도 구매하지 않았겠는가? 자동차 대중화에 포드의 일당 5달러가 큰 기여를 했음은 틀림없다. 종업원을 행복하게 만들면 그만큼 이익이 늘어난다.

소프트웨어 기업 SAS는 2000년대 중후반 〈포춘〉이 선정한 '가장 일하고 싶은 기업' 1위를 8년간 유지해온 회사다. 비즈니스 분석 소프트웨어 관련 업무가 주류인 이 회사에는 7000여 명의 직원이 근무하고 있다. 창업자인 짐 굿나이트Jim Goodnight 회장은 "행복한 젖소가 더 많은 우유를 생산한다Contended cows give more milk"고 이야기한다. 종업원을 젖소에 비유한 게 괘씸해 보이면서도 일견 솔직한 표현이 아닌가 싶다.

SAS는 수영장, 피트니스 센터는 물론 병원, 프리스쿨(유치원), 상담센터, 세탁소, 미장원 등 다양한 시설을 회사 울타리 안에 갖추고 있다. 압권은 은퇴 후 프로그램 안내센터와 노인건강 센터다. 정년이 없고 정리해고가 없는 만큼 직원 중에 고령자 비율이 높다. 전체 직원 중 35%가 1964년 이전에 태어난 사람이다.

진정한 고수는 고객, 종업원은 물론 그 기업이 속해 있는 사회에도 기여한다. 이들은 물고기가 물을 떠나 살 수 없듯이, 기업도 사회를 떠나 살 수 없다는 사실을 잘 알고 있다. 사회구성원들에게 경외심을 갖고, 그들에게 도움을 주기 위해 노력한다. 여기서 의문이 들 수 있다. 고객 만족은 분명 이익을 창출한다. 종업원 만족도 궁극적으로 이익과 연결된다. 그런데 사회에 기여하는 것은 돈 쓰는 것 아닌가? 좋은 명성은 얻을 수 있겠지만 그것이 과연 이익과 직결될까? 만약 이익과 연결된다면 왜 그렇게 행동하는 기업이 눈에 띄지 않을까?

결론부터 말하면 사회에 기여함으로써 장기적인 안정성 확보와 새로운 사업기회 발굴이 가능하다. 기존에 없었던 비즈니스 모델도 만들어진다. 이런 사례가 눈에 안 띄는 것은 우리나라 기업의 안목이 아직 넓지 않기 때문이다.

시공간을 확장해보면 지금까지 보지 못했던 세계가 열린다. 장기적인 안정성 확보부터 살펴보도록 하겠다. 이제 잠시, 중세 유럽, 중세 및 근세 일본, 1970년대의 미국으로 여행을 떠나보자.

02

지속가능한
경영의 비밀

가족기업, 오너경영, 재벌…. 한국경제와 경영을 책임지고 있는 대기업 집단에 대한 다양한 표현이다. 2017년 기준 자산 10조 원 이상인 대기업 집단은 31개에 이른다. 이중 포스코, 농협, KT, 대우조선해양, 에쓰오일, KT&G, 대우건설을 제외한 24개 집단이 가족기업이다. 삼성, 현대자동차, 하림, KCC 등이 여기에 포함된다. 물론 대부분의 중소, 중견기업 또한 가족기업이다.

가족기업에 대해 이야기할 때 생각나는 집안이 있다. 바로 이탈리아 르네상스를 여는 데 중요한 기여를 한 메디치 가문The House of Medici 이다. '르네상스를 꽃피우게 만든' 것으로 유명한 메디치 가문은 1397년부터 1743년까지 약 350년간 도시 국가 피렌체를 실질적으로 지배했다. 그 긴 세월 동안에 왕비도 두 명 나왔고 교황도 두 명 배출했다. 오늘날 빌 게이츠 못지않은 부를 축적했음은 물론이다.

조선 왕조도 태조 이성계에서 출발했고, 고려 왕조도 왕건이 있었기에 가능했다. 메디치도 1대 군주인 조반니 디 비치 데메디치Giovanni di Bicci de' Medici와 2대 군주인 그의 아들 코시모 데메디치Cosimo de' Medici의 뛰어난 리더십과 장기적 비전 덕분에 300년이 넘는 세월 동안 피렌체를 경영할 수 있었다. 특히 2대 군주인 코시모는 오늘날 이탈리아에서 '국부國父'로 존경받는다. 우리나라의 세종대왕처럼 말이다.

특정 가문이 오랫동안 성공하려면 두 가지를 갖춰야 한다.

일단 성공해야 한다. 남들에게는 없는, 그 가문만의 성공요인을 갖고 있어야 한다. 이는 창업자의 개인적 특성일 수도 있다. 성공한 뒤에 그 성공을 오랫동안 지속시키는 기업이 있고 순식간에 몰락하는 기업이 있는데, 이는 창업자의 개인적 강점을 넘어 기업 자체의 강점을 키우지 못한 경우라고 하겠다.

이와 동시에 오랫동안 지속하는 가문(기업)이 되려면 성공요인과는 다른 특성 역시 지니고 있어야 한다. 성공을 이루는 요소와 그 성공을 지속적으로 유지하는 요소는 다르다는 점을 놓쳐서는 안 된다. 성공을 이루는 요소가 '공격용 무기'라면 성공을 지속하는 요소는 '수비용 무기'다. 메디치 가문은 이 두 가지를 다 갖췄다. 공격용 무기는 앞을 내다보는 안목이었고, 수비용 무기는 대중에 대한 공경심과 사회공헌이었다.

한 손에는 통찰,
한 손에는 자선사업

메디치 가문의 앞을 내다보는 안목은 1397년 은행업 진출과 1439년 공의회 유치에서 엿볼 수 있다. 평민 출신인 메디치 가문은 1397년 피렌체에서 은행을 설립한다. 흥미로운 것은 비즈니스 모델이다. 당시는 기독교의 영향으로 대출을 해도 이자를 받는다는 개념이 희박했던 시절이다. 조반니 디 비치의 눈에 띄었던 것은 환전이었다. 당시 이탈리아는 도시별로 다른 화폐가 유통되고 있었다. 서울에서 유통되는 돈이 따로 있고, 부산, 광주, 대전에서 유통되는 돈이 각각 있다는 이야기다.

유통되는 화폐는 달랐지만 당시 피렌체에서 유통되는 화폐가 오늘날 달러와 같은 기축통화 기능을 했다. 조반니는 이 점에 착안해 환전 수수료를 극대화하면 부의 축적이 가능하다는 사실을 누구보다도 먼저 깨닫고 피렌체 최고의 부자가 된다.

조반니 디 비치가 메디치 가문의 경제적 토대를 마련했다면 그의 후계자 코시모는 피렌체와 메디치 가문의 국가적 명성을 높이는 데 결정적 기여를 한다. 피렌체 르네상스의 효시가 된 1439년 공의회 유치가 대표적이다. 피렌체는 1439년 로마 가톨릭과 그리스 동방정교회로 분열된 교회의 통합을 위한 종교회의의 주최국이 된다. 공의회는 로마 교황은 물론이고 동로마제국의 황제까지 참석할 만큼 중요한 '사건'이었다. 유럽 각국의 권력자는 물론이거니와 학자와 예술가들도 피렌체를 방문했다. 이를 막후에서 교섭하고 진행한 것이 코시모였다. 공의회를 통해 피렌체의 영향력이 이탈리아를 넘어 유럽으로 확대됐고 피렌체의 문화적 역량이 외부로 신속하게 퍼져나가는 계기가 됐다.

만약 공의회 장소가 피렌체가 아니라 다른 곳이었다면 그 '다른 곳'이 르네상스의 발생지가 됐을지도 모른다. 메디치 가문의 안목, 즉 '동로마와 서로마의 문화가 서로 교류하게 되면 상상도 못할 기회가 생길 것'이라는 안목이 르네상스의 발현지, 피렌체를 만든 셈이다.

수비용 무기는 어떤 것이 있을까? 1429년에 조반니 디 비치가 죽으며 자식에게 유언을 남긴다. 그의 유언은 대대손손 그의 후손들에게 전해지는 내용인데 음미해볼 만하다.

"다른 사람들이 널 주목하게 만들지 말고 사람들의 시선에서 벗어나라. 만약 사람들 앞에 서야 한다면 꼭 필요한 곳에서만 너의 모습을 보여줘라. 대중의 시선에서 멀어지는 것이 중요하다. 그리고 절대로 대중의 뜻에 거슬리게 행동하지 마라."

코시모는 유언을 충실히 이행했다. 공연히 사람들 앞에 나서지 않았다. 잘난 척해봐야 적들만 늘어나기 마련이다. 조용히 자기 할 일을 하면서 사람들의 이야기를 경청했다. 그래서 그는 말을 타지 않고 당나귀를 타고 다녔다. 당나귀는 말보다 덩치가 작다. 말을 타면 길을 지나다니는 사람들의 소리가 들리지 않지만 당나귀를 타면 들린다. 대중의 뜻에 거슬리지 않으려면 대중이 어떤 생각을 하는지 알아야 한다. 대중의 이야기를 들어야 그들의 마음을 헤아릴 수 있다.

메디치 가문의 사회공헌도 이같은 맥락에서 이해된다. 메디치 가문은 1443년 산 마르코 수도원 안에 메디치 가문 도서관Biblioteca Medicea Laurenziana을 세운다. 근대 유럽 최초의 공공도서관으로 불리는 곳이다. 《플라톤 전집》을 그리스어에서 라틴어로 번역할 수 있었던 것도 메디치가의 후원 덕분이었다. 자선사업에도 적극적이었다. 코시모는 평생 40만 피렌체 플로린(금화)을 자선사업에 기증한 것으로 유명한데 이 금액은 당시 피렌체의 연간 총소득의 두 배에 해당하는 거액이었다. 1445년 세워진 '선한 자의 휴식처Ospedale degli Innocenti'라는 세계 최초의 고아원을 후원한 것도 빼놓을 수 없다. 이 시절에 고아를 위한 사회공헌 사업이 필요하다는 발상을 했다는 자체가 경이롭다.

메디치 가문의 예술가에 대한 지원도 빼놓을 수 없다. 몇 해 전 뉴욕에 있는 록펠러 재단을 방문한 적이 있다. 록펠러 재단은 '자선업계의 하버드'라는 자부심이 대단했다. 재단 기금으로 본다면야 빌게이츠가 세운 빌&멀린다 게이츠 재단Bill & Melinda Gates Foundation을 비롯한 최근에

코시모 데메디치는 자신을 낮추기 위해 평소에도 당나귀를 타고 다녔다.

① 베노초 고촐리 <동방박사의 행렬>에서 갈색 당나귀를 타고 있는 코시모 데메디치를 볼 수 있다.
② 산 마르코 수도원 안에 위치한 메디치 가문 도서관

설립된 다른 재단들과 비교할 수 없지만 100년이 넘는 유구한 역사와 전통을 자랑한다는 점에서 자선업계의 하버드란 표현은 지나친 말이 아니다.

록펠러 재단은 다른 단체의 자선활동, 사회공헌에 대한 자문도 주요 사업영역으로 삼고 있다. 평소 궁금하던 사항을 질문했다. 사회공헌이라면 수만 가지가 있을 텐데 도대체 어떻게 카테고리를 나누는가? 평소에 그런 질문을 많이 받는다는 듯이 담당자는 씩 웃으면서 "우리는 여섯 가지로 분류합니다. 구체적으로는 빈곤문제 해결, 교육, 의료, 환경, 문화예술 및 스포츠 지원, 인권문제 해결입니다"라고 했다. 카테고리에 대한 생각을 갖고 사회공헌을 구상하면 좀 더 집중적이고 전략적인 아이디어가 나올 수 있을 것이라는 말도 덧붙였다.

이런 관점에서 메디치 가문을 보자. 메디치 가문은 미켈란젤로를 양자로 들여 키웠다. 보티첼리, 브루넬레스키, 도나텔로, 기베르티 등 수많은 조각가, 예술가를 후원했다. 조금 후원의 폭을 넓혀보자. 천문학자인 갈릴레오, 《군주론》의 저자인 마키아벨리, 아메리카 대륙을 명명한 아메리고 베스푸치도 메디치 가문의 지원을 받았다. 이런 후원이 이탈리아의 르네상스를 가져왔고 이는 다시 메디치 가문의 영향력과 이익에 막대한 도움을 주게 된다.

이 외에도 메디치 가문은 교육, 빈곤퇴치와 인권, 자선사업, 학문과 예술의 후원에 이르기까지 그 당시에 생각해볼 수 있는 모든 종류의 사회공헌에 손길을 뻗쳤다. 300년을 넘게 피렌체를 경영할 수 있었던 저력이 느껴지는 대목이다.

삼보요시, 500년을 이어온 오미 상인의 힘

이번에는 일본으로 가보자. 16세기 후반 메디치 가문이 서서히 쇠락의 길로 접어들 무렵, 일본에서는 오다 노부나가가 일본의 전국 통일을 꿈꾸고 있었다. 다혈질에 불같은 성격을 가진 오다 노부나가는 기존 질서에 얽매이지 않는 인물이었는데 정국을 주도하는 자리에 오르자 각 지역의 상거래를 독점하던 특권상인제도를 폐지했다.

이런 변화 속에 오사카, 교토를 중심으로 일본의 3대 상인이 대두된다. 오사카大阪 상인, 오미近江 상인, 이세伊勢 상인이 그들이다(우리나라 개성상인처럼 지역 이름을 따서 그렇게 불렀다). 이 중 오미 상인을 최고로 쳤는데, 그들만의 독특한 경영철학이 흥미롭다. '삼보요시三方良し'가 바로 그것이다.

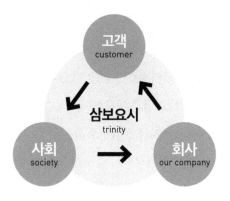

오미 상인은 구매자와 판매자, 사회까지 포함해 3자가 모두 만족하는 거래(삼보요시)를 추구했다.

삼보요시는 구매자와 판매자는 물론 사회까지 3자가 모두 만족하는 거래를 뜻한다. 특이한 건 삼보三方, 즉 거래를 둘러싼 당사자에 사회가 포함돼 있다는 사실이다. 언뜻 이해가 되지 않는다. 일반적으로 거래라고 하면 쌍방 거래를 뜻하기 마련인데 왜 여기에 사회가 들어간 걸까?

나는 판매자다. 당신은 구매자다. 세상은 나와 당신을 포함한 모든 사람으로 구성된다. 거래를 할 때 나도 좋고 당신도 좋아야 한다. 즉 내가 적정 마진을 추구하는 만큼, 당신도 이문이 남아야 한다. 그런데 오미 상인들은 이것으로 끝나서는 안 된다고 말한다. 우리가 속한 사회도 거래의 이익을 함께 누려야 한다는 생각이다.

예를 들어 이익이 쌓이면 그 돈으로 지역 학교를 세우고 다리를 놓는

식이다. 오미 상인의 이러한 정신은 오늘날 고객만족과 사회공헌을 강조하는 현대 기업경영의 사회적 책임Corporate Social Responsibility, CSR과 맞닿아 있다. 일본인들은 무려 400년 전에 자신의 선조들이 CSR 개념을 갖고 있었다는 것을 자랑스럽게 생각한다.

생각만 그런 게 아니다. 지금도 삼보요시는 일본 기업의 중요한 화두다. 대표적인 예가 일본 경제성장의 중추적 역할을 했던 5대 종합상사 중 하나인 이토추Itochu다. 이토추의 뿌리는 오미 상인이다. 1858년 설립, 2018년이면 창업 160주년을 맞는다. 이토추는 100년이 넘는 긴 세월 동안 기업이 유지될 수 있었던 비결을 삼보요시로 설명한다. 두 차례의 세계대전, 급격한 경기 변동 등을 맞이하면서 때로는 섬유무역, 때로는 소매업 등 다양한 업종으로 변신에 변신을 거듭했지만 삼보요시 정신은 변함없이 꾸준히 유지해왔다고 단언한다.

머크는 왜
신약을 무상으로 나눠줬을까?

이제 현대로 돌아와 글로벌 회사 머크Merck & Co.를 만나보자.

미국의 거대 제약회사 머크는 2015년 기준 연매출 약 47조 원을 기록했다(미국 머크는 미국과 캐나다를 제외한 지역에서는 MSD라는 명칭을 쓴다. 따라서 한국 MSD는 미국 머크의 자회사고, 한국머크는 독일머크의 자회사다). 뉴저지에 있는 본사를 찾아가면 '시력이라는 선물the gift of sight'이라는 동상이 방문객의 눈길을 끈다. 긴 나뭇가지를 앞쪽에서는 소년이, 뒤쪽에서는 어른이 붙잡고 있

미국 머크 본사에 세워진 동상 '시력이라는 선물'

는데, 어른의 눈은 감겨 있다. 어린 아이가 시각장애인을 이끌고 어딘가를 가는 모습이다. 곱슬머리와 옷차림으로 보아 아프리카 사람인 듯하다. 이 동상이 건립된 사연은 무엇일까? 이야기는 1970년대로 거슬러 올라간다.

오무라 사토시 교수는 1973년 머크의 지원을 받아 토양에서 미생물을 추출하는 연구를 시작한다. 당시 머크의 연구원이었던 윌리엄 캠벨 박사는 오무라 교수의 연구를 기반으로 이버멕틴Ivermectin이라는 강력한 동물용 구충제를 만들어냈다. 동물에 사용해도 좋다는 허가를 받은

것은 1981년이었다. 막상 써보니 예상보다 훨씬 광범위한 효과가 나타났다. 회충, 편충, 구충 등 장내 기생충뿐 아니라 사상충 등 체내 기생충, 진드기, 이, 구더기 같은 체외 기생충에까지 효과를 발휘했다. 게다가 안전했다. 제약업계에서는 이버멕틴을 아스피린, 페니실린과 더불어 '3대 기적의 약'이라고 부를 정도였다.

사상충 가운데 회선사상충은 사람의 눈을 멀게 만든다. 주로 서아프리카 지역에서 발견되는데 먹파리라는 흡혈파리를 통해 사람에게 전파된다. 성충이 인체에 10년간 생존하고, 성충이 낳은 알이 혈관을 타고 신체를 돌아다니다가 각막에 도달하면 실명한다.

머크는 1987년 이버멕틴을 인체에 사용해도 좋다는 승인을 따낸다. 주 소비자는 아프리카 거주민들. 그런데 그들은 이버멕틴을 살 만한 경제적 여유가 없었다. 머크는 이버멕틴을 무료로 아프리카 지역에 보급하기로 결정한다. 그 결과 2015년까지 20억 명이 넘는 사람들이 혜택을 봤다. 어떻게 머크는 이런 결정을 내릴 수 있었을까?

머크는 '의약품은 이윤이 아닌 환자를 위한 것'이라는 철학을 갖고 있다. 머크를 이끌었던 조지 머크 2세George Merck ll는 1950년대에 다음과 같은 말을 했다.

"나는 우리 회사가 지지해온 원칙을 종합적으로 결론짓고자 합니다. 우리는 의약품이 환자를 위한 것임을, 그리고 인간을 위한 것임을 잊지 않으려고 노력합니다. 의약품은 이익을 위한 것이 아니고, 이익 자체는 부수적임을 기억하는 한 이익은 저절로 따라왔습니다. 이러한 점을 명심할수록 이익은 더욱 커졌습니다."

오무라 교수와 캠벨 박사는 이버멕틴 개발에 대한 공로로 2015년 노벨 생리의학상을 수상했다. 머크의 선행은 다시 한 번 세상의 주목을 받았다.

03

사회공헌, 기업가치,
이익증대의 선순환 구조

자, 이 정도면 사회에 기여함으로써 사회구성원으로부터 존경받고, 그 존경심이 기업 생존의 기반이 됨을 알 수 있다. 하지만 아직 풀리지 않은 의문점이 남는다. 착한 일 하면 좋다는 건 다 안다. 당연히 고객들은 착한 기업에 대해 좋은 인상을 갖는다. 문제는 돈이다. 선행도 돈이 있어야 하는 것 아닌가?

타당한 지적이다. 하지만 사회공헌 활동이 기업가치를 제고하고, 이는 결국 이익증대로 연결된다는 사실을 이해하면 왜 사회공헌을 통해 이익창출의 선순환 구조를 만들어야 하는지 알 수 있다.

세상에 기여하면
더 큰 이익이 돌아온다

'사회에 기여하면 더 큰 이익이 돌아온다.'

이 대목에서 고개를 갸우뚱할 사람이 많을 것이다. "사회에 좋은 일하려면 돈이 들 텐데, 오히려 돈을 번다고? 무슨 말도 안 되는 소리?"

이렇게 표현하면 어떨까? "우리 주변의 사회적 필요가 뭔지 찾아보세요. 그리고 거기서 새로운 사업기회를 발견하세요." 여전히 수긍이 쉽지 않다. 이 문장을 영어로 바꿔보겠다.

"Converting Social Problems into Business Opportunities."

경영학의 아버지로 불리는 피터 드러커 교수가 1984년에 기고한 논문 제목이다. 그는 사회적 책임을 두 가지 관점에서 바라봤다. 하나는 앤드루 카네기 유형이고 또 하나는 줄리어스 로젠월드 유형이다. 카네기는 '부자로 죽는 것은 수치다'라는 철학으로 기부와 자선에 자신의 모든 재산을 쏟아부었다. 미국에 있는 도서관 대부분이 카네기의 돈으로 설립됐다는 말이 과장이 아닐 정도다.

반면 로젠월드는 경영난에 처한 시어스Sears를 부활시킨 경영자로 유명하다. 그의 모토는 "레몬이 있으면 주스를 만들어라"였다. 여기에는 아무리 하찮은 것이라도 돈이나 새로운 기회로 연결될 수 있다는 뜻이 담겨 있다.

우편주문 방식을 통해 성장한 시어스의 주 고객은 농부였다. 로젠월드는 농부 개개인의 구매력은 낮더라도 19~20세기 당시 미국 노동인구의 절반을 차지하는 농업 인구 전체의 구매력은 엄청날 것이라는 점에 주목했다. 그런데 농민들이 시어스의 우편주문 카탈로그를 통해 제품을 구매하려면 먼저 농민의 소득이 올라가야 한다고 생각했다. 그래야 구매력도 커져 상품을 더 많이 구매할 테니 말이다.

그래서 로젠월드는 미국 농부의 생산성 향상, 소득 향상을 위해 농업지도소 시스템을 창시하고, 4H 클럽(농업구조와 농촌생활 개선을 목적으로 하는 청소년 민간단체. 4H는 두뇌Head, 마음Heart, 손Hand, 건강Health를 뜻한다) 지원 프로그램을 도입했다. 예상대로 농부의 소득이 높아지자 그만큼 더 많은 제품이 판매됐다. 당시 로젠월드가 이끄는 시어스는 오늘날 아마존에 해당할 만큼 엄청난 위세를 떨쳤다.

드러커가 강조하는 것은 로젠월드 방식의 CSR이다. 카네기 스타일은 개인이 본인의 재산을 활용해서 하는 활동이다. 기업이 개입할 이유가 없다. 그런데 로젠월드 방식은 다르다. 가난한 농부의 소득을 올려주기 위해 기존 비즈니스 모델에 새로운 활동을 첨가함으로써 농부의 소득도 올랐고, 시어즈의 매출도 올랐다. 이것이 제대로 된 CSR이다.

예산은 줄이고 만족도는 높인 '100원 택시'

사회적 문제를 해결하면서도 수익을 창출하려면 발상의 전환이 필요하다. 발상의 전환을 기업 사례로 국한하면 수익에만 초점이 맞춰질 수 있으므로 이번에는 충남 서천군의 '100원 택시'를 예로 들어보겠다.

지자체가 택시 요금을 100원만 받는다고 하면 언뜻 표를 의식한 대중영합주의를 떠올리기 쉽다. 그러나 속사정을 살펴보면 이야기는 달라진다.

충남 서천군은 100원짜리 택시로 유명하다. 택시 요금이 100원이라고? 그렇다. 주민들이 동네 마을회관에 모여 있으면 택시가 다가온다. 6km 떨어진 면소재지까지는 탑승자 수에 상관없이 무조건 100원, 11km 떨어진 군청소재지까지는 인당 1300원만 내면 된다. 택시 운전사는 어떻게 수입을 맞출까. 군의 보조금이다. 2013년 6월 새로운 사업 모델을 도입한 서천군은 이를 '희망택시' 사업이라 부른다.

마을이 고령화되고 주민들 숫자가 줄다 보니 버스노선이 폐지됐다.

충남 서천군은 100원 택시 사업인 '희망택시'를 통해 예산은 줄이고 주민들의 대중교통 만족도는 높였다.

주민들은 버스를 타기 위해 이웃마을까지 걸어가야 했다. 가까운 버스 정류장은 동네에서 약 4km 정도 떨어져 있었다. 노인 걸음으로는 1시간에 가기도 벅찬 거리다. 그나마 1시간 간격으로 운행되는 버스를 놓치면 하염없이 기다려야 했다. 병 고치러 읍내 병원에 가려다가 골병든다는 자조 섞인 말이 생겨날 정도였다. 그러나 100원 택시의 도입으로 이제는 곧바로 읍내로 갈 수 있다. 여기까지는 딱 농촌 어르신들을 위한 복지제도 정도로 이해된다.

그러나 100원 택시 덕분에 서천군의 예산이 절약됐다면 어떨까? 언뜻 이해하면 서천군은 택시 요금을 보조하느라 너무 많은 예산을 쓰는 것 아닌가 걱정할 수도 있다. 결과는 정반대다. 희망택시는 예산 절약에도 큰 기여를 했다. 과거 23개 마을에 버스노선을 운영하기 위해 서천군은 연간 2억 원의 지원금을 사용했다. 희망택시 사업비용은 연간 8000만 원에 불과했다. 60%의 예산을 절감한 셈이다.

마을주민도 편하고, 군의 예산도 절약된다는 사실이 알려지자 희망택시 사업은 곧바로 다른 시도의 벤치마킹 대상이 됐다. 2014년 기준으로 전국에 3만 6000개의 마을(리 단위)이 있는데, 이 중 버스노선이 전혀 없는 지역이 3400곳에 달했다. 강원도는 2014년 3월에, 경기도는 2015년 5월에 희망택시를 본뜬 시범사업을 시작했다. 결국 하기 나름이다. 사회에 기여하면서 이익을 창출(비용을 절감)하는 방법은 얼마든지 있다.

CVS가
담배 판매를 포기한 이유

다시 기업 얘기로 돌아와보자. 앞서 희망택시에서 보듯 사회문제에서 사업 기회를 찾으려면 발상의 전환이 필요하다. 예를 들어 손익에만 집중하던 관성에서 벗어나 더 넓게, 더 멀리 사회를 바라보면 새로운 기회가 포착된다. 그러면 지금까지와는 전혀 다른 의사결정을 내려야 할지도 모른다. 이런 의외의 결단으로 기업 자체를 변화시킨 곳이 있다.

2014년 9월 대형 의약·잡화 소매체인 CVS가 "담배 판매를 중단하기로 했다"고 발표해 미국 언론의 대대적인 주목을 받았다. CVS는 잡화점으로 출발, 수많은 M&A를 거쳐 성장한 기업이다. 우리나라에서는 볼 수 없는 업태다. 편의점, 약국, 드럭스토어가 함께 있는 대형 매장 정도로 이해하면 된다.

2016년 기준으로 연간 매출액은 1775억 달러, 운영하는 점포수는 약 9600개에 달한다. 연매출을 점포수로 나눈 점포당 매출이 대략 1850만 달러(약 200억 원)라는 계산이 나온다. 우리나라 편의점 점포당 매출액이 5억 원 전후이니, 그 40배 규모를 상상하면 윤곽이 잡힐 듯하다. 이 정도 규모의 매장 9600여 곳에서 일제히 담배 판매를 중단한다고 선언했으니 대중의 관심이 집중되는 건 당연했다.

담배를 없앴더니 매장 모습이 바뀌었다. 일반적으로 담배는 계산대 바로 뒤편 선반에 진열된다. 종업원이 손을 뻗으면 바로 닿을 수 있는 곳으로 그만큼 구매하는 사람들이 많다는 뜻이다. 여러 브랜드의 시가와 담배가 촘촘히 쌓여 있던 그 공간에 니코틴 껌, 금연 장려 문구가 채워졌다.

무료 금연 상자를 쌓아놓고 원하는 고객들에게 하나씩 건네주는 매장도 나타났다. 담배갑만 한 크기의 금연상자 안에는 쿠폰을 비롯해 금연하면 돈이 얼마나 절약되는지 일깨워주는 카드, 흡연 충동을 느낄 때 기분전환을 할 수 있는 스도쿠 게임이 들어 있다.

담배 판매를 중단하면 매출은 어느 정도 타격을 받을까? 당시 업계에서는 CVS가 20억 달러 정도 매출을 손해볼 것으로 추정했다. 우리 돈으로 약 2조 2000억 원. 큰돈이다. 그렇지만 CVS는 전체 매출 대비(약 1.6%) 감내할 만한 수준이라고 판단했다. 매출이 줄어드는 대신 CVS가 얻는 것은 무엇일까?

CVS가 노린 것은 건강을 소중하게 생각하는 이미지였다. 담배를 팔지 않겠다, 즉 매출을 포기하면서까지 국민의 건강에 신경을 쓰겠다고 한 회사는 소비자들에게 이전보다 더 많은 신뢰를 받지 않을까? 담배 판매를 중단한 지 1년 뒤인 2015년 〈포춘〉이 선정하는 존경받는 50대 기업 안에 CVS가 최초로 진입했다. 매장에서 담배를 철수시킨 것이 높은 점수를 받게 된 이유였다고 한다.

여기에 고무된 CVS는 회사이름도 CVS 헬스CVS Health로 변경했다. 건강사업에 집중하기 위함이다. CVS에서는 의약품도 팔고 일반 잡화도

CVS는 담배 판매를 중단하는 대신 건강 기업으로 변신을 꾀하고 있다.

① CVS의 미닛클리닉에서는 전문 간호사에게 상담과 진찰을 받을 수 있다.
② CVS의 담배 판매 중단 선언과 금연 캠페인 포스터
③ CVS 매장에서 판매되는 다양한 금연 보조 상품

판다. 그런데 일반 잡화 쪽은 아마존이 급속한 속도로 시장을 장악하고 있다. 반면 베이비붐 세대의 은퇴 등으로 헬스케어 분야의 수요는 폭발적으로 늘어날 것으로 예상됐다. 이런 현실적 요인과 미래 전망을 바탕으로 건강사업 부문을 강화하기 위해 CVS는 과감하게 담배를 버린 것이라고 전문가들은 평가한다.

대신 CVS는 업장에 '미닛클리닉MinuteClinic'이라는 독특한 시설을 만들었다. 미닛클리닉에는 전문 간호사가 상주하는데 "당신이 아픈 만큼, 우리는 빨리 움직입니다You are sick, We are quick"라는 모토로 운영된다. 환자들은 사전 예약 없이 방문해서 상담과 진찰을 받을 수 있다. 아주 심각한 증상이 아니라면 병원보다는 손쉽게 방문할 수 있는 미닛클리닉을 이용할 것으로 보고 있다.

이런 곳에서 담배를 팔면 환자가 어떤 생각을 하겠는가? 미닛클리닉에는 20억 달러의 담배를 버리더라도, 훨씬 유망한 헬스케어 쪽에서 승부를 보겠다는 의지가 고스란히 담겨 있는 셈이다. 미국 정부도 여기에 호응했다. 백악관 대변인은 성명을 내고 "CVS의 담배판매 중단 결정은 좋은 본보기가 될 것"이라며 "다른 업체들도 이에 동참하기를 희망한다"고 밝혔다.

어찌 보면 CVS의 선택은 아마존과의 경쟁 끝에 헬스케어라는 새로운 사업으로 돌파구를 마련하려는 고육지책으로 해석할 수도 있다. 유통업에 종사하는 회사가 '건강 중시'라는 미래 트렌드를 보고 전략을 바꾼 것이기 때문이다.

그럼에도 세상 사람들은 큰 결단을 내렸다며 환영한다. 존경받는 회사로 선정됐고, 백악관의 간접적인 격려도 받았다. 사회적 트렌드를 읽고 여기에 발빠르게 대응한 덕택이다. 사회에 기여하는 것을 거창하게 생각할 필요는 없다. 앞으로 미닛클리닉에 더 많은 환자가 찾아온다면 이익이 늘어나는 것도 자명하다.

코스트코의 돈 버는 사회공헌 모델

쉽게 사회에 기여할 수 있는 또 다른 방법에는 무엇이 있을까? 빌 클린턴 전 대통령을 예로 들어보자. 클린턴은 퇴임 후 봉사활동에 열심이다. 본인의 이름을 딴 재단도 설립했고, 클린턴 글로벌 이니셔티브Clinton Global Initiative, CGI를 만들어 연례회의도 개최한다. 전직 대통령이라는 브랜드력으로 인해 연례회의의 위상은 남다르다.

2014년 9월 회의에는 당시 현직이었던 버락 오바마 대통령이 참석해 연설을 하기도 했다. 이 자리에서 클린턴은 "기업이 수익만 좇는 시대는 끝났습니다. 조만간 사회와 직원에 더 신경 쓰는 사회가 도래할 것입니다"라고 말했다. 많이 들어봄 직한 이야기지만, 역시 누구의 입에서 나오는가에 따라 파괴력은 천양지차다.

이 모임에 연사로 참석했던 한 기업인은 코스트코Costco의 사례를 언급하며 클린턴의 주장에 힘을 실어줬다. 코스트코가 바로 사회와 직원에 더 신경 쓰는 회사라는 의미다(여기서는 사회에 기여하는 부분을 주로 분석하겠지만, 사실 이 기업은 직원 대우 측면에서도 동종 업계에 비해 독보적이다. 연봉이 동종업계 대비 40%가 높으며, 매출의 1% 이상을 직원 건강의료보험 및 복지혜택에 사용한다).

코스트코의 역사는 길지 않다. 1983년 시애틀 부근의 커클랜드에 첫 매장을 열었으니 이제 35년 가까이 된 셈이다. 우리나라에는 1998년 첫 진출을 했다. 그 막강하다는 월마트Walmart도 한국에서는 견디지 못하고 떠난 반면, 코스트코는 독특한 형태의 영업으로 여전히 많은 사랑을 받고 있다.

코스트코의 창업자는 제임스 시네갈James D. Sinegal이다. 어렸을 때부터 유통점의 직원으로 종사했던 그는 창고형 할인점의 효시인 프라이스클럽Price Club의 수석 부사장을 지내다가 투자자의 도움을 받아 코스트코를 개점한다. 그의 나이 47세 때였다.

코스트코의 사업모델을 들여다보자. 회원제 창고형 할인점이다. 일단 회원이 돼야 한다. 개인회원은 회비가 연 3만 5000원인데, 유효기간은 1년이다. 그럼에도 불구하고 국내 회원수가 100만 명이 넘고, 갱신율은 거의 90%에 육박한다고 한다. 일단 매년 350억 원을 고정이익으로 깔고 가는 셈이다.

할인점이니 가격이 싸야 한다. 여기에도 몇 가지 비밀이 있다. '커클랜드'라는 브랜드를 부착한 제품이 꽤 많이 눈에 띈다. 코스트코가 자체 개발한 PB 상품이다. 1996년에 탄생한 이 브랜드는 주스, 쿠키, 견과류, 의류, 가정용 기기 등 다양한 상품을 취급한다. 일반 브랜드보다 가격이 10~20% 저렴하면서 품질은 오히려 뛰어나다는 평가를 받고 있다.

가격을 낮추는 또 다른 비밀은 취급 상품의 가짓수를 적게 가져가는 대신 대량구매를 통해 파워를 행사하는 데 있다. 딸기잼이 월마트에 10종류가 있는 반면 코스트코에는 2종류만 있다고 가정해보자. 구매의 폭이 좁아 소비자가 불만을 가질 수도 있다. 코스트코는 오히려 소비자의 고민을 줄여줬다고 판단한다. 10개 중에 하나를 고르는 것보다 2개 중에 하나를 고르는 것이 쉽지 않을까? 다른 유통업체가 딸기잼 10개 품목을 각각 100개씩 구입할 때, 코스트코는 두 품목만 500개씩 구입한다. 그러면서 싸게 달라고 한다. 메이커는 대량 판매를 통해 물량할인을 적용한다. 당연히 다른 유통업체에 비해 원가경쟁력을 갖게 된다.

이런 식으로 제품을 수급하다 보니 진열된 제품의 종류가 적다. 국내 다른 대형 매장은 약 6만 품목을 갖춘 반면 코스트코는 약 4000 품목 정도의 상품만을 갖고 있다(미국에서 월마트는 무려 14만 품목의 상품을 구비하고 있다).

코스트코의 가격할인 전략은 여기에서 그치지 않는다. 기회가 되면 공급업자들에게 지속적으로 가격을 낮춰줄 것을 요구한다. 2009년에는 전 매장에서 코카콜라를 취급하지 않겠다고 발표했다. "고객에게 최적의 가격으로 좋은 상품을 공급하려고 하는데, 코카콜라가 호응을 해주지 않는다"는 것이 코스트코의 주장이다. 한 달간 가격을 놓고 씨름하던 협상은 결국 코카콜라가 항복함으로써 일단락됐다. 또한 국가별로 하나의 신용카드만 사용하도록 한다. 신용카드사 간에 경쟁을 유발시켜서 그만큼 카드 수수료를 낮추겠다는 의도다. 사입 단가를 낮추기 위한 코스트코의 노력은 한도 끝도 없는 듯하다.

이런 노력을 달리 해석하면 생산업체를 쥐어짜는 갑질로 볼 수도 있다. 그러나 코스트코에 대한 고객의 반응은 사뭇 다르다. 사입 단가를 낮춘 뒤 혜택을 소비자에게 돌려주지 않는다면 지금까지 장황한 설명이 의미가 없다. 코스트코는 그 혜택을 소비자에게 돌려준다. 이를 '적정 마진 전략'이라고 한다.

코스트코는 정확히 15%의 마진만을 남긴다. 시네갈은 "마진율 15%는 우리도 만족하고 고객도 만족하는 기준입니다. 그 이상 이익을 남기면 기업의 규율이 사라지고 탐욕을 추구하게 됩니다. 나아가 고객들이 떠나고 기업들은 낙오하게 됩니다. 내가 가장 걱정하는 것은 우리가 원칙을 포기하고 몇 센트, 몇 달러, 몇 백 달러를 더 비싸게 받아도 상관없다고 생각하는 상황입니다. 원칙을 지키지 않으면 얻는 것 또한 없습니다"라고 말한 바 있다.

공급업자로부터 가격을 낮게 받더라도, 소비자가는 그대로 유지할 수도 있다. 그러면 그만큼 이윤이 많이 남는다. 코스트코에서는 상상할 수 없는 일이다. 런던 비즈니스 스쿨의 존 퓰린스 교수는 "전통적인 유통기업은 어떻게 하면 가격을 높게 책정해 이윤을 늘릴까 고민하지만, 코스트코는 어떻게 하면 가격을 더 낮춰 이익을 최소화할지 고민하는 역발상으로 성공했습니다"라고 설명한다. 기업의 이윤이 목적이 아니라, 고객의 충성심이 목적인 셈이고, 그 수단으로서 가격을 선택했다고 볼 수 있다.

여기서 흥미로운 사실은 코스트코가 일정 마진율만 고수하며 이윤을 내면서도 수익보다 사회에 대해 신경을 쓰는 기업으로 인정받고 있다는 점이다. 우리나라 기업들이 주로 하는 겨울철 연탄 나르기, 김장 담그기도 물론 중요한 사회공헌 활동이다. 도움을 받는 사람 입장에서는 너무나도 고마운 일이다. 그렇다고 해서 생각을 여기에 국한시킬 필요는 없다. 사회에 기여하는 방법은 정말 다양하다.

04

양에서 질로,
질에서 격으로

2011년 6월 영국 〈이코노미스트〉는 한 장의 흥미로운 삽화를 실었다. 링 위에 두 사람이 권투 글러브를 끼고 앉아 있다. 왼쪽에 앉은 사람의 얼굴에는 IBM 모니터가 붙어 있고 오른쪽에 앉아 있는 사람에겐 카네기 재단 표시가 돼 있다. 이 둘 사이에는 케이크가 놓여 있고, 케이크 위에는 100이라는 숫자 모양의 촛불이 불을 밝히고 있다. 그렇다. IBM과 카네기 재단 두 조직 모두 이때부터 100년 전인 1911년에 탄생했다.

〈이코노미스트〉의 질문은 이랬다. "두 기관 중 누가 더 많이 사회를 위해 기여했는가?"

질문이 이상하다. IBM은 다국적기업이고 카네기 재단은 자선단체다. 당연히 카네기 재단이 더 많은 기여를 하지 않았을까? 〈이코노미스트〉는 사회에 대한 기여를 조금 다르게 해석했다. 누가 세상을 더 많이 바꿨냐는 것이다.

"IBM과 카네기 재단 중에서 누가 더 많이 사회에 기여했을까?"

논점은 명확했다. 20세기 초반에는 카네기 재단이 많은 일을 했고, 후반에는 IBM이 더 많이 했다. 결론적으로는 IBM이 세상을 더 많이 바꿨다. 심지어 "카네기 재단의 전성기는 지나갔지만 IBM의 전성기는 아직 오지 않았다"라는 표현까지도 서슴지 않았다. 카네기 재단 입장에서는 마른하늘에 날벼락이었을 것이다. 힘 있는 언론이 갑작스럽게 자기네 조직과 일반 기업을 비교했으니 말이다. 이후 추이를 살펴보니 카네기 재단에서의 항의와 카네기 전기 집필 작가의 해명 등이 있었던 것 같다. 안타깝게도 비중 있게 다뤄지지는 않았다.

IBM은 2016년 기준으로 38만 명의 인력이 800억 달러의 매출을 올리고 있다. IBM이 세상을 바꾸는 일에 얼마나 관심이 많은지 알려면 IBM이 무엇을 하는 회사인지를 알아야 한다. 일반적으로는 IBM은 '대형 컴퓨터 제조 회사에서 출발, 1990년대 본업을 탈바꿈해서 오늘날 IT 서비스 분야에서 막강한 영향력을 발휘하는 회사'라고 설명된다. 그런데 IBM 측에 물어보면 엉뚱한 답이 나온다.

"우리 IBM은 지구가 스마트해지도록 돕는 회사입니다."

IBM vs.
카네기 재단

마케팅 분야의 세계적 석학인 필립 코틀러는 이렇게 이야기한다.

"이런 회사는 망하면 안 돼요. 왜냐고요? 지구를 똑똑하게 만드는 훌륭한 일을 하고 있으니까요. 내가 IBM의 고객이건 아니건 중요하지 않아요. 이 회사는 확실한 미션을 갖고 있지요. 존재 필요성, 존재 의의를 갖고 있다는 말입니다. 앞으로는 이런 회사가 오래갈 것 입니다."

지구를 더욱 똑똑하게 만들겠다는 IBM의 스마터 플래닛Smarter Planet 전략은 2008년으로 거슬러 올라간다. 당시 IBM을 이끌던 새뮤얼 팔미

사노Samuel J. Palmisano 회장은 스마터 플래닛을 기반으로 사회문제를 실질적으로 해결할 필요가 있다고 강조했다. 교통, 보건, 에너지, 유통, 도시, 환경, 지역개발 등 사회문제는 다양한 영역에 존재한다. 이러한 분야에서 발생되는 문제를 IT와 지능화된 컴퓨팅 기술을 활용해 '더 똑똑한' 시스템으로 혁신하자는 것이 스마터 플래닛의 요지다.

2011년부터는 '스마트 시티 챌린지'라는 사회공헌 사업도 본격적으로 전개했다. 전 세계에는 수많은 도시가 있다. 각 도시마다 처해 있는 환경은 모두 다르다. 그 도시에서 가장 필요로 하는 것을 IBM이 무상으로 제공한다. 2011년에는 우리나라에서 청주시가 대상으로 선정됐다. '효율적인 대중교통 시스템 개선방안'이라는 주제로 약 40만 달러에 달하는 IBM의 서비스와 기술이 무료로 제공됐다. 2013년에는 제주시가 '지능형 ICT 도시로 바꿉니다'를 주제로, 2015년에는 평창군이 '휴양 관광 레저 스포츠 도시 비전 달성을 위한 전략 마련'을 주제로 각각 IBM으로부터 40만 달러에 달하는 무료 컨설팅을 받았다.

사회문제 해결에서 사업기회를 찾으라는 드러커 교수의 이야기가 아니더라도, 세상은 사회공헌에 열심인 기업을 원하고 있다.

2015년 10월 글로벌 정보분석 기업 닐슨Nielsen이 발표한 〈기업의 사회공헌 활동에 관한 글로벌 소비자 보고서〉에 따르면 돈을 좀 더 지불하더라도 환경보호와 사회에 긍정적인 영향을 주기 위해 노력하는 기업의 제품을 구매하겠다고 응답한 수치가 66%에 달했다.

사실 이러한 데이터를 그대로 믿기는 힘들다. 말로만 그러겠다고 하고 실제 행동에 옮기지 않는 이들이 부지기수다. 게다가 돈을 좀 더 지불한다고 할 때, 그 '좀 더'가 어느 정도인지 기준 또한 애매하다. 그럼에도 불구하고 66%라는 수치가 의미를 갖는 이유가 있다. 동일한 질문을 3년 연속 실시했기 때문이다. 2013년 동일한 질문에 대한 응답결과는 50%였다. 이 수치가 2014년에는 55%, 2015년에는 66%로 꾸준히 증가하고 있다.

젊은 세대일수록 기업의 사회공헌 활동에 관심이 높다는 점도 고무적이다. 동일한 질문에 대한 답변을 연령대별로 구분해보면 15~34세는 72%, 35~49세는 62%, 50세 이후는 51%가 착한 기업의 제품을 구매하겠다고 답변했다. 미래의 소비 주역들은 기성세대보다 기업의 사회공헌 활동에 확실히 관심이 높다는 점도 눈여겨봐야 한다.[•]

조금 오래된 자료지만 2010년 글로벌 홍보 컨설팅 업체인 에덜먼 Edelman이 세계소비자보고서에서 발표한 자료를 살펴보자.

● 미래 소비 주역의 사랑을 받지 못하는 기업은 미래가 없다. 가수도 마찬가지다. 믹 재거가 이끄는 롤링스톤스는 여전히 라이브 공연이 한창이다. 4인조 밴드는 1941년생에서 1947년생까지 있으니, 가장 어린 멤버가 일흔 살에 달하는 노익장 그룹이다. 하지만 여전히 10대, 20대의 젊은 팬들이 환호한다. 젊은 팬들이 잊지 않는 한 롤링스톤스는 계속된다.

"세계 소비자의 86%는 기업이 자사의 이익에 준하는 만큼 사회적 이익에도 관심을 가져야 한다고 믿는다." "브라질, 중국, 인도, 멕시코의 소비자들은 착한 기업의 상품을 더 많이 구매하려 하는데, 이러한 경향은 서구 사회 소비자들의 성향을 앞지르고 있다." "신흥시장 10명 중 7명 이상의 소비자가 사회적 목적을 가진 브랜드를 지지한다. 이 비율은 브라질 80%, 인도 78%, 중국 77%로 전 세계 평균인 62%보다 높다." "인도, 중국, 멕시코, 브라질 소비자 10명 중 8명은 이익의 일부를 공익을 위해 기부하는 브랜드를 원한다." "세계 소비자의 64%는 회사가 단지 돈으로 기부하는 것은 충분치 않다고 본다. 기업활동과 선한 목적을 통합해야 한다고 생각한다."

어떻게 분석하건 공익을 생각하는 착한 기업에 대한 선호도가 60%를 넘는다. 특히 브라질, 중국, 인도 등 대형 신흥시장에서는 그 수치가 80% 가까이 증가했다. 이것을 보더라도 사회공헌에 관심을 갖는 일은 중요할 뿐 아니라, 신흥시장에 진출할수록 더욱 신경써야 함을 일깨워준다.

고객만 바뀐 것이 아니다. CEO를 평가하는 잣대도 바뀌었다. 〈하버드비즈니스리뷰〉는 2015년 10월 '그 해 최고의 CEO'를 발표했다.

당시 화제가 됐던 건 누가 1등에 선정됐느냐보다 2014년 최고의 CEO로 뽑혔던 아마존의 제프 베조스가 1년 만에 87위로 추락했다는 사실이었다. '체면 구긴 베조스' '제프 베조스의 추락'이 주요 언론의 헤드라인이 될 정도였다.

〈하버드비즈니스리뷰〉는 베조스의 순위 하락에 대해서 친절한 설명을 덧붙였다. 아마존의 재무부문 평가는 여전히 1등이라고 강조했다. 그도 그럴 것이 아마존은 시가총액에서 월마트를 뛰어넘는 탁월한 성과를 보였다. 그런데 2015년부터 〈하버드비즈니스리뷰〉는 최고의 CEO를 선정할 때 환경·사회·지배구조Environment Social Governance, ESG와 같은 비재무 부문을 선정기준에 포함시켰다. 그렇더라도 재무 비중은 80%, 비재무 비중은 20%의 가중치를 뒀는데 베조스의 비재무 부문 평가는 800위권 밖이었다고 한다.

1위는 누가 차지했을까? 우리에게는 다소 생소한 기업 노보노디스크NovoNordisk의 라르스 레비엔 쇠렌센Lars Rebien Sørensen이 그 주인공이다 (쇠렌센은 2016년에도 1위를 차지했다). 노보노디스크는 덴마크에 본사를 두고 있는 글로벌 제약회사다. 전 세계에서 4억 명이 앓고 있는 당뇨병 치료제인 인슐린 시장의 47%를 점하는 절대 강자다. 2015년 기준 매출액은 15조 원에 달한다.

적극적으로 개혁개방 노선에 나서기 전만 하더라도 중국에서 당뇨병은 불치의 병이라고 불렸다. 노보노디스크는 당뇨병 치료제 캠페인을 통해 중국 사회를 변화시켰을 뿐 아니라 매출을 올리는 데도 성공했다. 수익창출 능력은 물론 사회기여에 대한 감각도 뛰어난 회사라고 할 수 있다. 12년째 이 회사를 이끄는 쇠렌센의 경영철학도 시사하는 바가 크다. 그는 "CSR은 장기적인 관점에서 회사의 가치를 높여주는 유일한 수단"이라면서 "사회적, 환경적 이슈가 장기적으로는 재무적 이슈로 연결됩니다"라고 강조한다.

재무적 성과로만 평가하던 CEO를 비재무적 관점에서도 보기 시작했다는 점에 주목할 필요가 있다. 이익이 우선이라는 사고방식에서 벗어나 환경관련 문제, 사회관련 문제까지 고루 살피는 CEO가 돼야 훌륭한 CEO로 인정받는 시대가 도래한 것이다.

더 큰 부를 얻는 길

정리해보자. 이제 소비자는 사회공헌에 적극적인 회사에 더 많은 호감을 가진다. 훌륭한 CEO를 선정하는 기준도 점차 단기적 이익에다 장기적 안목과 사회공헌 등 비재무적 요소를 포함하는 방향으로 나가고 있다. 이제 기업이 사회문제 해결을 위한 방법을 찾는 것은 '기부'나 '자선'의 영역이 아니라 경영의 새로운 전략이 되고 있다. 기왕 방법을 찾는다면 기업의 수익에 도움이 되는 방법을 모색할 필요가 있다.

경영학계에서는 이미 이런 새로운 비즈니스 모델에 대한 연구가 진전을 보이고 있다. 대표적으로 2011년 마이클 포터 교수가 제시한 CSV를 꼽을 수 있다. 사회공헌과 경영전략의 연계를 통해, 사회에 기여하면서도 동시에 수익을 창출하는 경영모델을 만들어야 한다는 주장이다.

우리나라 기업들은 사회공헌 활동을 기업 이미지를 높이고 평판을 증대시키는 활동 또는 비록 비용이 지출돼 이익이 줄지만 사회를 위해 꼭 해야 하는 활동으로 정의한다. 반면 선진기업은 지금까지와는 다른 새로운 이익창출 수단으로 간주한다.

이익창출 수단? 그렇다. 지금까지 메디치 가문부터 노보노디스크까지 여러 기업 사례를 들어가며 설명한 핵심이 바로 여기에 있다. 착한 마음으로 돈 쓰는 사회공헌을 하는 기업도 고맙고 감사하다. 하지만 돈 버는 사회공헌을 한다면 그 쪽이 좀 더 낫지 않을까?

포터 교수가 군이 CSV라는 용어를 만든 것도 기존 전통적 CSR(전략적 CSR이 아닌)이 너무 돈 쓰는 쪽에 집중하고 있기 때문이었다. 기업은 조폐공사가 아니다. 돈을 무작정 찍어낼 수는 없다. 돈 쓰는 사회공헌에 집중하다가 회사 경영이 어려워지면 어떻게 될까? 회사도 힘들겠지만 도움을 받는 쪽도 힘들어진다. 받던 도움이 끊기면 더 힘들다. 끊임

없이 도움을 주려면 결국 이익을 창출하면서 사회공헌을 해야 한다고, 그래서 CSV 개념을 만들었다고 포터 교수는 이야기한다.

베스트 프랙티스best practice보다 영감을 주는 사례inspiring practice가 더 인기라고 한다. 그래서 이제부터는 사회공헌, 기업가치, 이익증대의 선순환 사이클에 올라탄 기업들의 구체적인 사례와 전략을 살펴보겠다. 큰 틀에서 이들 기업은 '수익을 내며 사회문제도 해결'하고 있다. 그러나 이들은 농산물에서부터 자동차, 신발 등 제조업, 최첨단 IT기업까지 그 영역이 폭넓다. 특정 산업에 치중돼 있지 않다는 얘기다. 업력 또한 벤처부터 100년이 넘는 역사를 가진 국민기업까지 다양하다. 사례를 이해하는 데서 그치지 않고 뭔가 영감을 얻기를 바라는 마음으로 나름의 분석도 제시했다.

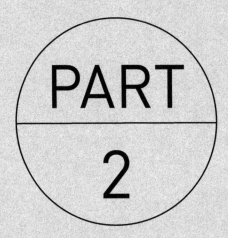

PART

2

어떻게 수익을 내며
사회문제를 해결할 것인가

- 가치사슬 기반 분석

한 차원 높은 기업들은 수익을 창출하면서도 사회문제를 해결하고 있다. 이런 선진기업들의 움직임은 마이클 포터 교수가 제시한 가치사슬value chain 모델로 분석하면 이해가 쉽다. 공급망, R&D, 운영, 판매/마케팅 등 4가지 분류로 수익과 사회공헌을 함께 실현하고 있는 기업들의 사례와 여기에서 우리가 취해야 할 전략을 살펴보자.

일반적으로 우리나라 기업은 기업의 이익과 사회공헌을 별개의 문제로 취급한다. 예를 들어 기업이 의미 있는 사회공헌 활동에 참여하겠다고 판단하면 예산을 책정하고 실행한다. 그러고는 회계항목에 관련 비용으로 처리한다. 홍보팀은 외부 언론에 이러한 활동을 한다고 알리지만 몇 줄짜리 짧은 기사로 처리되는 게 고작이다. 다른 기업들도 고만고만한 활동을 하기 때문에, 기자의 시각에서는 큰 기삿거리가 아니다. 기업 입장에서도 이익 증대는 고사하고 비용만 발생시키고 홍보 효과도 미미해서 사업을 적극적으로 추진하기가 어렵다.

기업이 사회를 위해 좋은 일을 하는 것은 분명 필요하다. 하지만 현명한 기업은 이익을 내면서도 사회문제를 해결하고, 기업가치까지 높인다. 이러한 기업에서 일하는 종업원은 회사에 대한 자부심이 커진다. 돈도 벌고, 기업가치도 높이고, 종업원 충성도마저 높이는 일을 마다할 CEO가 어디 있겠는가? 사회와 환경에 대한 기여가 중장기적으로 수익의 원천이 된다는 노보노디스크의 리더 쇠렌센의 말을 다시 한 번 곱씹어보자.

01

산업 생태계를 살리는
동반성장

제조업이건 서비스업이건 핵심 기능만 조직 내부에 두고 대부분의 기능을 아웃소싱하는 게 일반적이다. 이런 추세의 출발점은 노동집약적 산업이 저임금을 찾아 해외로 생산기지를 이전하면서부터였다.

의류산업에서 우리나라 기업의 매출 규모는 세계 최고 수준이다. 잘 알려지지 않아서 그렇지 1조, 2조 원이 넘는 매출액을 올리는 기업이 꽤 있다. 다만 주문자상표부착생산OEM이 주류여서 브랜드는 알려져 있지 않다. 이들 의류업체들은 지금도 저임금을 찾아 세계 각지로 공장을 이전하고 있다. 중국, 멕시코는 호랑이 담배 피던 시절 이야기다. 아시아권에서는 베트남을 거쳐 미얀마, 방글라데시로, 미주권에서는 니카라과를 거쳐 아이티 등이 주 생산기지로 부상하고 있다. 모두 임금 때문이다.

흥미로운 점은 세상 사람들이 한국 기업의 OEM 공장을 상표권자

(H&M, 갭, 유니클로 등)의 공장으로 인식한다는 것이다. 법적인 실체는 엄연히 다르지만, 세상의 시각은 둘을 동일체로 본다.

2013년 4월 방글라데시의 수도 다카의 외곽 지역에서 건물 붕괴사고가 발생했다. 이 건물에 입주한 대부분의 기업이 글로벌 의류회사의 하청업체였다. 사고 며칠 전부터 건물에서 균열이 생기는 등 이상조짐이 있었다. 건물 내 근무자를 대피시키고 균열의 원인을 찾는 것이 상식이지만 여기서는 상식이 통하지 않았다. 의류 납품기한을 맞추려는 공장주의 무리한 운영, 안전 관리에 대한 안일한 대처로 건물 붕괴가 일어났고 1000명이 넘는 노동자가 사망했다.

전 세계 여론은 들끓었고 베네통Benetton, 망고Mango를 비롯한 27개 글로벌 의류 브랜드는 직격탄을 맞았다. 의류업체들이 자사가 직접 운영하는 공장이 아니라고 부인해도 통하지 않았다. 소비자 입장에서는 의류업체와 하청업체는 한 몸으로 보였다.

어디 이뿐이랴. 나이키Nike 하청업체에 고용된 아동이 축구공을 꿰매는 사진이 〈라이프〉에 실렸을 때도 나이키가 곤욕을 치렀다. 애플Apple의 하청업체인 폭스콘Foxconn 직원이 자살했을 때에도 애플 제품 불매운동이 일었다. 기업 입장에서는 하청업체의 문제이니 억울할 수도 있다. 그러나 세상 사람들은 어느 틈엔가 상표권자 업체와 하청업체를 구분하지 않고 있다.

따라서 공급망 관리Supply Chain Management, SCM를 잘하는 게 중요하다. 과거에 공급망 관리라 하면 생산·유통 등 모든 공급망 단계를 최적화해 수요자가 원하는 제품을 고객이 원하는 시간, 원하는 장소에 맞춰 제공하는 데 초점이 맞춰져 있었다. 하지만 세상이 변했다. 이제는 회사의 이익뿐만 아니라 제조, 물류, 유통 업체 등 각 단계별 거래선의 이익과 그곳의 노동환경까지도 신경을 써야 한다. "내가 대접받고 싶은 것처럼 남을 대접하라"는 말처럼 공급업체, 하청업체의 이익과 처우에도 신경을 써야 한다. 구체적인 방법으로는 어떤 것들이 있을까? 여기서는 두 가지 방법을 소개하겠다.

첫 번째 방법은 자사 인증마크를 붙여 공급업체가 더 많은 이윤을 얻을 수 있도록 도와주는 것이다. 두 번째 방법은 공급업체의 역량 향상을 위한 각종 교육을 지원하는 것이다.

소비자에게는 신뢰, 공급자에게는 이윤, 기업에게는 브랜드 가치

홀푸드마켓 진짜 공정무역은 이렇게 하는 것

2017년 아마존이 인수한 홀푸드마켓Whole Foods Market은 미국 유기농

홀푸드마켓은 홀 트레이드 개런티 프로그램으로 소비자에게는 안전한 농산물을 제공하고, 공급자에게는 공정한 이익이 돌아가도록 노력하고 있다.

① 홀푸드마켓 매장 전경
② 홀 트레이드 개런티 인증을 받은 바나나 진열대

식품 매장의 대명사다. 화학비료나 농약을 쓰지 않은 제품만 취급한다. 육류도 잔인하게 사육되거나 도살된 고기는 받지 않는다. 멸종위기의 해산물도 취급하지 않는다. 초창기에는 설탕조차 팔지 않았다.

홀푸드마켓은 2007년 3월에 개도국에서 수입한 상품에 대해 특별한 대우를 해주는 홀 트레이드 개런티whole trade guarantee라는 프로그램을 출범시킨다. 모든 개도국 상품이 해당되지는 않는다. 몇 가지 조건을 충족시켜야 한다.

일단 품질이다. 다른 제품보다 더 까다로운 품질기준을 충족시켜야 한다. 그 제품이 망고라고 가정해보자. 홀푸드마켓은 품질 좋은 망고 생산자에게 더 높은 가격을 쳐준다. 대신 망고 농장주가 근로자에게 더 높은 임금을 지급하는지 확인한다. 환경오염을 유발시키는 활동은 없었는지도 꼼꼼히 챙긴다. 아울러 공급자를 돕기 위해 설립한 홀 플래닛 재단Whole Planet Foundation에도 매출액의 1%를 기부한다.

홀푸드마켓은 자신들의 이러한 활동을 제3자가 검증한다면 고객에게 더 신뢰를 줄 것이라고 판단했다. 그래서 미국공정무역협회Fair Trade USA, 열대우림동맹The Rainforest Alliance 등과 같은 대형 NGO를 파트너로 삼았다.

홀푸드마켓은 왜 이러한 제도를 도입했을까? 시기적으로 2007년 3월은 세계금융위기나 '월가를 점령하라Occupy Wall Street'는 구호가 난무하며 글로벌 기업들의 무분별한 이익 착취에 대해 비난하던 시절보다 앞선다. 등 떠밀려 취한 조치가 아니라 스스로 필요성을 깨닫고 시행했다는 의미다. 어떤 필요성을 깨달은 것일까? 이를 이해하려면 잠시 홀푸드마켓의 역사를 살펴보아야 한다.

창업자인 존 매키John Mackey는 1978년 창고를 개조해 세이퍼 웨이Safer Way라는 자연식품 판매점을 개점한다. 2년 후 이를 확장해 홀푸드마켓이라고 이름을 바꾼다. 변곡점은 이듬해인 1981년 큰 물난리를 만나면서부터였다.

텍사스 오스틴 지역을 찾아온 70년 만의 대홍수로 홀푸드마켓 매장 전체가 물에 잠겼다. 피해액은 당시 돈으로 40만 달러. 저축해놓은 자금이나 가입해놓은 보험조차 없었다. 모든 것이 끝났다고 망연자실해 있을 때 종업원, 고객과 이웃이 하나둘씩 매장을 찾아와 복구작업을 도왔다. 공급업자는 외상으로 납품을 약속했고, 투자자 역시 추가로 자금을 제공했다. 불과 28일 만에 매장은 제모습을 찾았다. 이를 본 존 매키는 큰 깨달음을 얻었다.

"기업은 결코 독립적으로 존재하지 않습니다. 수많은 이해관계자와 씨줄, 날줄로 엮여 있습니다. 이들과 오랫동안 공존공영할 수 있는 시스템을 만드는 것이 기업이 해야 할 일입니다."

홀푸드마켓은 물난리를 겪은 지 4년 후 '상호의존 선언문Declaration of Interdependence'을 발표한다. 직원, 고객, 투자자, 공급자, 지역사회, 환경 등 모든 이해관계자를 이롭게 할 수 있는 구조를 만들어야 한다고 선언한 것이다. 이후 존 매키는 공급자와의 파트너십이 다른 항목에 비해 상대적으로 뒤처졌다고 판단했다. 그래서 2007년 전격적으로 홀 트레이드 개런티 제도를 만들었다.

기존 공정무역제도와는 무엇이 다를까? 소비자가 홀푸드마켓에서 홀 트레이드 개런티 제품을 구매하면 그 혜택이 누구에게 돌아가는지 정확히 추적할 수 있다. 홀푸드마켓의 웹 사이트에 들어가보자. 이 제도로 혜택받은 개도국 농산물 생산자의 사진과 글이 실려 있다. 아이티의 망고 농부는 말한다. "홀 트레이드 개런티에 포함되기 전에는 악덕 업체에게 망고를 팔았어요. 심지어 망고를 팔고는 그 나무를 베어버렸답니다. 지금은 망고 값을 훨씬 많이 받아요. 그러다 보니 망고나무의 가치를 새로 알게 됐어요."

공정무역제도는 바로 이 부분에 애로점이 있다. 동네 커피전문점에서 공정무역 커피를 주문해서 마신다. 내가 추가로 지불한 비용이 커피 농부의 주머니에 들어간다는 기분 좋은 생각을 한다. 하지만 어느 나라 어느 지역에 사는 농부에게 가는지는 확인하기 어렵다. 도움을 받는 대상이 누군지 명확하면 도움의 손길을 내밀기 쉽다. 홀 트레이드 개런티는 이런 점에서 소비자에게는 신뢰와 참여를, 생산자에게는 실질적인 이익을, 기업에게는 기업가치를 가져다주는 잘 설계된 프로그램이다.

올람 공급망 관리의 살아있는 교과서

공급사슬 말단의 소득을 늘려준다는 점에선 농산물 중개회사인 올람Olam도 연구대상이다. 이 회사는 1989년 인도의 케왈람 찬라이 Kewalram Chanrai 그룹이 나이지리아에 설립한 회사다. 2005년 싱가포르 증시에 상장한 올람은 전 세계 농부로부터 커피 콩, 아몬드 등 식품원재료를 구매해서 네슬레Nestle, 제네럴 밀스General Mills 등 대형 식품업체에 납품하는 비즈니스 모델을 운영하고 있다. 초기에는 나이지리아에서 생산되는 캐슈너트를 인도로 수입했다. 시간이 흐르면서 거래품목과 거래국가가 늘어나서 2015년 65개국에서 45가지의 농산물을 거래하는 동남아 최대의 식품업체로 성장했다. 연매출은 135억 달러에 달한다.

올람의 성공에는 기존 업체와 차별화된 공급망 관리가 큰 역할을 했다. 올람이 등장하기 전에 농작물은 어떻게 유통됐을까? 농부의 손을 떠난 작물은 지역 중개상, 대형 유통업자의 손을 거쳐 다국적기업의 창고로 흘러들어간다. 전체 공급망을 장악하고 있는 기관은 어디에도 없었다.

올람은 거래하는 농민들의 생활 지원을 위해 교육 지원 사업 등 다양한 프로그램을 운영하고 있다. 사진은 올람이 지원하는 코트디부아르 농촌의 읽기 교육 과정.

올람은 농부가 일하는 농장 정문farm gate에서 다국적기업의 공장 정문factory gate까지 전체 흐름을 총괄하는 최초의 기업이다. 전체 공급망을 장악하면 어떤 이점이 있을까? 큰 수익을 창출할 수 있다. 경쟁사는 항구로 가서 농작물을 구매한다. 작물의 산지와 항구까지는 1000~1500km 떨어져 있다. 그 사이에 수많은 유통업자들이 존재한다. 그만큼 마진이 줄어든다. 올람의 CEO 서니 버기스Sunny Verghese는 "공급망을 분석해보면 이윤의 3분의 2는 농가와 항구 사이에서 발생합니다. 항구까지만 가서는 이윤의 66%를 포기하는 셈입니다"라고 말한다. 경쟁업체는 왜 올람처럼 하지 못할까? 이는 농산물의 특성에 기인한다. 농산물은 성격상 계절상품이다. 올람과 같은 총괄 모델이 작동하려면 교차공급, 즉 사시사철 시스템을 돌릴 수 있는 복수의 제품을 갖고 있어야 한다. 올람의 경쟁사들은 커피, 코코아 등 한 가지 상품에만 주력하고 있다. 매년 6개월 정도 조달한 뒤에는 인프라 자체가 가동하지 않는다. 6개월 돌리려고 시스템을 구축하자니 손해가 이만저만이 아니다. 알면서도 따라하지 못하는 것이다.

올람에게도 어려움이 있다. 농장까지 관리하려면 농민들과 함께 생활하는 직원이 있어야 한다. 농민의 어려움을 이해하고 농민의 생활방식에 익숙해야 한다. 작황정보를 조기에 파악해 가격이나 리스크에 대한 도움을 줘야 한다. 최상등급의 종자와 비료를 구매하도록 자금을 지원하는 역할도 수행해야 한다. 이를 통해 농민으로부터 무한한 신뢰를 얻어야 한다. 그래서 올람은 새로운 원칙을 만들었다. 올람에서 관리자나 경영자로 일하고 싶은 사람은 누구든 적어도 3년 이상을 시골 공동체에서 거주하며 일선 현장의 일을 해야 한다.

2010년 올람은 소규모 자작농에 대한 투자와 지원을 늘리겠다는 약속을 뼈대로 한 올람생계헌장Olam Livelihood Charter, OLC을 발표한다. 무려 3년간의 고민 끝에 내놓은 작품이다. 오랫동안 농부와 삶을 함께하다 보니 그들을 도울 수 있는 보다 획기적인 방법이 도출됐다. 소작농들에게 제대로 된 농업기법을 가르쳐주고, 좋은 품질의 씨앗을 제공하는 것도 물론 중요하다. 하지만 올람은 이보다 더 큰 그림을 그리고 싶었다. 그래서 OLC에 몇 가지 원칙을 담았다.

첫째, 농부가 투자하고자 할 때 이를 지원해줘야 한다.

둘째, 건강해야 농사도 제대로 지을 수 있으므로 농부들의 건강관리를 해줘야 한다.

셋째, 환경 관련 지식이 부족하면 농작물이 자라는 지질을 황폐화시킬 수 있다. 환경에 관한 지식을 늘려줘야 한다.

이 3가지 원칙을 기본으로 구체적인 OLC 가이드라인을 만들었다. 이 가이드라인을 준수하고, 올람의 지원에 따라 곡물 수확량을 늘린 소농은 OLC 인증을 받을 수 있다. 현재 아시아, 아프리카 및 남미에서 OLC 인증을 획득한 소작농은 34만 5000명에 이른다.

분석 자체 인증제도의 선물

홀 트레이드 개런티 스티커가 붙어 있는 제품은 상대적으로 가격이 높다. 그럼에도 소비자는 기꺼이 지갑을 연다. 환경친화적인 상품을 구매하고 생산자도 돕는 착한 일을 하기 위해서일까. 그럴 수도 있겠지만, 기본은 품질이 뛰어나기 때문이다.

신세계는 2012년 SSG 청담점을 오픈했다. 당시 품목별 생산자가 누구인지 알려주는 큼지막한 포스터가 매장을 찾는 고객의 눈길을 끌었다. 그 중에는 강원도 화천에서 계란을 생산하는 노부부도 있었다. 이 양계농장에서 매일 아침 배송되는 '새벽 직송 유정란'이 인기 상품이었다. 암탉이 아침 6시 전후해서 산란하면 부지런히 매장으로 배송한다. 농장 규모가 크지 않다 보니 하루에 생산할 수 있는 물량이 한 팩당 4알이 담긴 10팩 정도였다. 그나마 눈이나 비가 많이 오는 날이면 수거 하지 못한다. 따라서 단골들은 궂은 날에는 이 계란이 없을 거라고 지레 짐작한다.

가격은 시중에서 흔히 구할 수 있는 달걀보다 3배나 비쌌다. 그럼에도 점심시간이 되기 전에 다 팔렸다. SSG가 품질을 보증한다고 믿기 때문이다. 마찬가지다. 홀푸드마켓에서 구입하는 제품은 비싸다. 홀 트레이드 개런티 스티커가 붙은 제품은 더욱 비싸다. 그래도 기꺼이 구입한다. 그럴 만한 가치가 있다고 믿기 때문이다. 올람이 수매하는 상품또한 그러하다. 올람은 수매한 상품을 제너럴 밀스, 네슬레 등 대형 식품업체에 납품한다. 이들은 품질이 좋은 만큼 더 큰 금액을 지불한다. 올람은 중간에서 품질보증의 역할을 수행할 뿐이다.

품질이 좋은 만큼 가격이 비싼 것에 대해 소비자는 불만이 없다. 하지만 공급사슬의 말단에서 품질이 좋다고 외쳐봐야 소비자의 귀에 들리지 않는다. 중간에 믿을 만한 업체가 대신 이야기해줘야 한다. 공급망 사슬을 갖춘 기업이라면 홀푸드마켓과 올람처럼 자사인증마크 부착을 진지하게 검토해봐야 한다.

교육이야말로
가장 큰 투자다

유니클로 타쿠미를 아시나요?

앞에서는 공급망 관리를 통해 이윤을 높이는 방법을 알아봤다. 이는 단기적 처방책이다. 중장기적으로는 협력업체 교육에 심혈을 기울여야 한다. 의류업계의 사례를 살펴보자.

의류업계에선 SPASpecialty store of Private label Apparel가 대세다. SPA는 자사의 기획브랜드 상품을 생산에서 유통까지 총괄하는 전문소매업을 지칭한다. 자라Zara, H&M, 유니클로Uniqlo를 글로벌 3대 업체로 꼽는다. 요즘엔 이를 '패스트패션fast fashion'이라고 쉽게 표현한다. 기존 의류업체는 일 년에 6번 신상품을 출시한다. 패스트패션은 일 년에 24번, 거의 2주에 한 번꼴로 신상품을 내놓는다. 그래서 매장에 가면 항상 신상품이 있다. 가격도 저렴해서 '가성비(가격 대비 성능)'를 따지는 손님에게 인기가 높다.

타쿠미는 장인(匠人)의 일본이 표현으로 의류업계에서 30년 이상 근무한 베테랑을 지칭한다. 유니클로는 타쿠미 팀을 국외의 생산공장에 파견해 기술교육과 제품 품질관리를 하고 있다.

낮은 가격을 유지하기 위해 생산은 외부에 위탁한다. 세아상역, 한세실업 등 우리나라 기업들이 대표적인 생산 협력업체다. 이들도 인건비를 낮추기 위해 중국, 멕시코에서 베트남, 미얀마, 파라과이, 아이티까지 생산기지를 확장하고 있다.

유니클로에는 타쿠미Takumi라고 불리는 그룹이 있다. 타쿠미는 장인匠人을 뜻하는 일본어로 업계에서 30년 이상 근무한 베테랑을 지칭한다. 유니클로는 2000년부터 이들을 거래선 생산공장에 파견하기 시작했다. 생산현장에서의 기술지도, 공정관리, 인재육성이 주된 목적이다. 이들이 해외 공장에서 기술을 지도한 만큼 그 공장의 기술수준이 향상된다. 업계 특성상 유니클로 제품만을 생산하는 공장은 없다. 다른 여러 브랜드도 함께 생산한다. 따라서 그 공장에서 생산되는 모든 브랜드의 기술력이 향상된다.

오랜 기간 기술을 전수받으면 현지 공장에서도 장인에 버금가는 기술자가 탄생할 수 있다. 유니클로는 여기까지 염두에 두고 있다. 2013년에는 중국 공장에 타쿠미 제도를 도입해 가능성 있는 직원을 대상으로 일대일 교육을 실시하고 있다. 한두 해 만에 30년 장인의 실력을 따라잡을 수는 없겠지만 장인 후보는 될 수 있다.

어떻게 보면 유니클로의 타쿠미 활동은 남 좋은 일만 시키는 것은 아닌지 걱정이 되기도 한다. 그러나 유니클로도 타쿠미 활동을 통해 얻는 이익이 있다. SPA업계에서는 납품 이전에 검수과정이 존재한다. 외부 제3자 기관에서 실시하는 게 일반적이다. 그런데 유니클로 직원으로 타쿠미가 파견된 공장에서는 유니클로가 직접 품질을 책임지는 셈이 된다. 생산공정에서 한 단계를 줄일 수 있다. 그만큼 경비와 시간을 아낄 수 있다.

갭 기술교육을 넘어 삶의 질을 개선한다

기술교육을 뛰어넘어 새로운 아이디어를 접목시켜 관심을 끄는 의류회사도 있다. 바로 갭Gap Inc.이다. 갭은 1969년 샌프란시스코에서 탄생한 기업으로 1986년에 세계 최초로 SPA 아이디어를 구현시켜 유명

One million women.
One million stories. One million lives changed.

"100만 명의 여성, 100만 명의 이야기, 100만 명의 삶을 변화시키다"
갭은 2015년부터 100만 명의 여성의 삶을 향상시키자는 목표 아래 자사의 PACE 프로그램을 타사의 생산 공장에 전파하고 있다.

해졌다. 바나나 리퍼블릭Banana Republic, 올드 네이비Old Navy 등의 브랜드도 소유하고 있다. 2016년 매출액은 158억 달러에 달한다.

갭은 2007년 개도국에 위치한 주요 생산공장을 대상으로 PACEPersonal Advancement and Career Enhancement라는 프로그램을 시작했다. 자사 공급망 내 여성 재봉사에게 기술뿐만 아니라 리더십에 이르기까지 다양한 교육을 실시해 지금까지와는 다른 삶을 살 수 있도록 도와주겠다는 의도다.

갭은 왜 이런 프로그램을 만들었을까?

일반적으로 개도국으로 갈수록 여성의 사회적 지위가 낮은데 봉제공장의 80% 이상이 여성 근로자다. 봉제공장에서 일하는 여성 근로자의 생활이 너무 열악하다. 같은 공장에서도 관리자급 직원은 대부분 남성이었다. 여성의 능력이 부족해서가 아니라 애초에 여성들이 교육받을 수 있는 기회가 없는 게 걸림돌이었다. 갭의 최고경영진은 이러한 차별이 옳지 않다고 느꼈다. 제대로 된 교육을 받는다면 여성 근로자도 충분히 남성만큼 해낼 수 있다고 믿었다. 해결책은 갭이 직접 나서서 여성 근로자의 교육에 투자하는 것이었다.

기본과정은 65~80시간으로 구성했다. 의사소통, 문제해결방법, 의사결정방법, 시간 및 스트레스 관리, 건강관리, 법과 재정에 대한 기본교육, 성 평등 등에 관해 배운다. 이를 이수하고 나면 본인의 법정 휴가시간 또는 개인시간을 활용해 고급 기술교육을 받을 수 있다.

틈틈이 교육을 받다 보니 총 기간이 8개월 내지 10개월 정도 소요된다. 고급 기술교육까지 받고나면 일반 근로자에서 관리자로 승진할 기회가 주어진다. 이렇게 승진한 직원들은 혼자 하던 일에서 다른 사람의 일까지 관리하고 교육해야 한다. 업무량이 늘어나지만 그만큼 급여도 늘어나고 자부심도 높아진다. 자부심이 높아진 만큼 주변 사람에게 PACE 프로그램의 장점을 알리게 된다. 본인이 직접 겪은 과정에 대한 설명이니 그만큼 진정성이 느껴지고 듣는 이의 귀가 솔깃해진다. 입소문을 거쳐 프로그램 참여자는 점차 증가한다.

공급사슬의 말단 쪽으로 가면 글자는 물론 숫자도 읽지 못하는 종업원이 많다. 기계설비 사용방법을 모르는 게 당연하다. 공장 내에 있는 수세식 화장실조차 처음 본 사람들이다. 이들에게 미래에 대한 희망, 꿈, 열정이란 단어는 너무 먼 이야기다. 교육은 이들에게 더 나은 삶을 제공하는 기회를 준다. 종업원들이 좀 더 열정적으로 일하기 때문에 회사 입장에서도 이익이 된다. 공장주들도 PACE 프로그램이 직원들의 생산성 향상, 이직률 및 결근율 하락과 같은 긍정적 결과를 가져왔다고 만족감을 표시한다.

흔히 제조업체에서 교육이라고 하면 기술교육에 한정짓는 경우가 있다. 갭은 미래에 대한 꿈과 희망을 품은 새로운 여성 인재 육성을 교육의 최종 목표로 삼는다. 실제 여성 노동자가 관리자로 승진한 사례도 꽤 있다. 이렇게 좋은 프로그램이라면 외부로 확장시키고 전파시키는 게 세상을 이롭게 만들지 않을까?

갭은 2012년 PACE 프로그램을 도입한 지역에 있는 다른 회사 공장에도 프로그램을 전파했다. 반응이 괜찮았다. 2015년 9월에는 2020년까지 100만 명의 여성이 혜택을 받을 수 있도록 하겠다는 원대한 비전을 발표했다. 100만 명이라면 적은 숫자가 아니다. 2015년 기준으로 기존 프로그램 수혜자는 4만 명 정도였다. 8년간 운영한 프로그램의 참여자보다 향후 5년간 운영할 프로그램의 참여자가 25배에 달한다.

참여 범위를 늘리기 위한 획기적인 조치가 필요했다. 그래서 프로그램의 도입을 원하는 모든 기업에 무상으로 독자 프로그램을 제공하기로 했다. 어떻게 교육시키는지 구체적인 방법까지 함께 전수하는 것은 물론이다. 아울러 지역사회의 13~17세 여성을 대상으로 하는 새로운 교육 프로그램을 만들어가고 있다.

분석 교육은 가장 큰 복지

2009년 《일본전산 이야기》라는 책이 출판시장을 강타했다. 1973년 4명이 창고에서 시작한 회사가 계열사 140개, 직원 13만 명으로 성장한 이야기를 담았다. 이 회사의 창업자인 나가모리 시게노부 永守重信 사장은 교육의 중요성을 강조한다. 1년 52주 중 35주를 주말 1박 2일 교육 프로그램으로 채운다.

나가모리 사장의 철학은 확고하다. "교육과 자기계발에 게으른 사람일수록 월급 타령 하고 근무시간 타령을 합니다. 자기계발에 열심이고 교육에 적극 참여하는 사람들은 언제든 월급을 많이 받는 위치에 오를 수 있다는 자신감에 차 있습니다. 어떻게 보면 교육이야말로 직원들에게 해줄 수 있는 최고의 복리후생입니다. 교육은 직원 개개인의 업무역량을 높여줍니다. 훗날 전직을 하거나 창업을 해도 자신의 실력으로 남습니다. 누가 훔쳐갈 수 없습니다." 교육 참가는 자율이라고 한다. 하지만 사장의 눈치가 보여 대놓고 빠질 수 있는 직원은 없을 것 같다.

교육이 중요한 것은 선진국이건 개도국이건 마찬가지다. 아니 개도국일수록 더욱 중요하다. 제대로 된 교육을 받아본 경험이 거의 없기 때문이다. 갭은 자신들의 노하우를 무상으로 외부에 건네주겠다고 했다. 갭 프로그램은 어느 나라에서 운영 중일까? 2007년 인도에서 시작한 이 프로그램은 인도네시아, 스리랑카, 캄보디아, 베트남, 중국, 요르단, 미얀마, 파키스탄까지 확산됐다.

한국기업의 해외진출 또한 활발하다. 어차피 생산기지는 개도국에 있다. 갭이 진출한 나라에 우리 기업의 공장, 또는 거래하는 공장이 있다면 업종에 상관없이 갭에서 실시하는 교육 프로그램을 구체적으로 살펴볼 필요가 있다(의류 업종에선 이미 갭 프로그램을 도입한 기업이 꽤 된다). 가능하면 접목방안까지 생각해본 뒤 갭의 도움을 받는 것도 괜찮은 접근이다.

02

관점을 바꾸면
신시장이 열린다

기업이 할 수 있는 사회기여 중 가장 직접적인 방법은 제품의 가격을 낮추는 것이다.

가격이 낮아지면 빈곤층도 제품을 구매할 수 있다. 이는 기업에는 새로운 시장 개척을 의미하고, 사회적으로는 생활환경 개선으로 연결된다. 그러나 제품의 가격을 낮추기란 말처럼 쉽지 않다. 특히 기술력의 차이가 크지 않은 산업일수록 제품 가격을 낮추기 어렵다. 가격을 낮추겠다고 자칫 노동자의 임금을 줄이거나 하청업체를 쥐어짜게 되면 부작용만 일어난다. 방법이 없을까?

가격을 획기적으로 낮추는 혁신이라면 역혁신Reverse Innovation이 대표적이다. 역혁신이란 신흥시장의 저비용 비즈니스 모델을 선진국 시장에도 적용하는 것을 의미한다. 과거에는 선진국의 고급제품을 단순화시켜서 신흥시장을 공략했다. 그러나 제품 사양을 아무리 떨어뜨려도 가격을 절반 이하로 낮추기는 어렵다. 신흥시장의 소비자에게는 여전히 높은 가격이다. 그들이 원하는 것은 가령 '선진국 시장 대비 가격 15%, 품질 50%'인 제품이다. 이런 제품은 절대 선진국에선 만들 수 없다. 관점을 바꿔야 한다. 신흥시장에 걸맞은 제품을 먼저 내놓고 이를 선진국의 저가시장으로 연결시키겠다는 발상의 전환이 필요하다.

GE의 제프리 이멜트 전 회장이 2009년 〈하버드비즈니스리뷰〉에 기고한 글을 보자.

"GE의 전통적인 라이벌, 예를 들어 독일의 지멘스Siemens, 네덜란드의 필립스Philips, 영국의 롤스로이스Rolls-Royce는 절대로 GE를 파괴할 수 없습니다. 그러나 신흥시장에서 떠오르는 거인들은 GE를 파괴할 수 있습니다."

잭 웰치 시절부터 이멜트가 대권을 승계한 오늘날까지 전 세계 모든 기업의 벤치마킹 대상이 GE다. 이런 초일류기업이 왜 인도나 중국의 신흥기업을 두려워하는 것일까? 역혁신 때문이다. 언제 중국이나 인도와 같은 신흥국 출신의 기업이 혁신적 제품을 만들어 GE를 위협할지 알 수 없기 때문에, 항상 경계의 끈을 놓쳐서는 안 된다는 것이 이멜트 주장의 요지다.

GE는 실제 중국에서 초음파 화상진단장치 개발에 성공한 사례가 있다. GE 의료기기 사업부는 1990년대 들어 전 세계로 시장 확대를 추진했지만, 신흥국에서는 좀처럼 판매량이 늘지 않았다. 가격이 문제였다. GE의 초음파 화상진단장치는 대당 10만 달러가 넘었다. 이 정도면 신흥국 대도시에 있는 병원에게도 부담스러운 금액이다. 장치의 크기도 어마어마하다. 생산공장에서 신흥국으로 운반하는 것도 여의치 않았다. 기계조작법도 전문가가 아니면 손대기 어려울 정도였다. 신흥국의 전기공급이 불규칙하다는 점도 판매를 가로막는 원인 중의 하나였다.

해결책으로 GE는 중국에 R&D센터를 설립했다. 연구를 거듭한 끝에 휴대 가능한 진단기기를 기존 제품의 3분의 1 가격으로 만들었다. 가격은 낮고 휴대성이 높은 제품은 대도시 병원뿐 아니라 농촌에 있는 진료소에서도 구입했다. GE는 이 제품을 미국으로 갖고 들어왔다. 신속한 진단이 필요한 사고 현장, 응급실, 수술실에서 수요가 넘쳐났다.

군이 역혁신이 아니더라도 이익을 내면서도 사회에 기여하는 방법은 제품개발 단계부터 가능하다. 이렇게 말하면 R&D 부서에 근무하는 연구자에게는 황당하게 들릴 수도 있다. '아니, 제품개발 연구하기에도 정신이 없는데 여기에 사회공헌까지 생각하란 말인가?' 입이 삐쭉 나올 수도 있다. 다음 사례를 살펴보자.

2006년 유니레버Unilever는 베트남 시장에 콤포트 원 린스Comport One Rinse라는 제품을 선보였다. 적은 물로도 세탁물을 헹굴 수 있도록 만든 혁신제품이다. 슬로건은 "세 양동이 물 대신 한 양동이만으로 족하다"

였다. 베트남은 물부족 국가임에도 불구하고 세탁 린스를 할 때 많은 물을 사용했다. 어머니, 할머니 세대로부터 내려오던 습관이었다. 유니레버는 TV광고, 국립축구경기장에서의 대형 이벤트 등을 통해 습관을 바꿔나갔다. 유니레버 제품을 사용함으로써 세탁시간과 물을 절약할 수 있다는 의식이 베트남 내에 퍼졌다.

아무리 물을 적게 쓰고 싶어도 R&D 부서에서 그러한 제품을 만들지 못하면 그림의 떡이다. 결국 R&D 담당자부터 관점을 바꿔야 한다. 평소 하던 고민에 두 가지만 추가하면 된다. '좀 더 환경친화적인 제품을 만들 수 없을까?' '좀 더 빈곤층이 구매할 수 있는 제품을 만들 수 없을까?' 콤퍼트 원 린스처럼 시장에서 대성공을 거두면 회사의 수익도 늘어난다. 물론 모든 제품이 시장에서 환영받지는 않는다. 실패할 수도 있다. 하지만 이 과정을 통해 회사는 개도국 빈곤층 시장에 대한 이해라는 큰 자산을 쌓을 수 있다.

R&D 부문이 수익과 사회기여라는 두 마리 토끼를 잡는 방법은 환경친화적 제품 또는 빈민층을 대상으로 한 제품을 개발하는 것이다. 여기서는 빈민층을 대상으로 하는 제품개발을 다루되, 첫 번째는 자국 내 빈민층의 생활수준 향상을 목표로 한 사례를, 두 번째는 선진국 기업이 개도국 빈민층 시장에서 필요로 하는 제품개발을 지원한 사례를 소개하겠다.

고급 시장만 있는 것은
아니다

타타 좋은 제품이 반드시 뛰어난 제품일 필요는 없다

1868년에 설립된 타타 그룹은 2016년 기준 매출액 1000억 달러가 넘는 인도 최대의 그룹이다. 2004년 대우상용차를 인수하면서 한국에도 이름을 알렸다. 1991년부터 2012년까지 회장을 맡았던 라탄 타타 Ratan Tata가 2017년 현재 명예회장으로 재직하면서 실질적으로 그룹을 이끌고 있다.

타타 그룹은 2009년 1000루피 정수기 스와치Swach(힌두어로 깨끗하다는 뜻)를 내놓아 세상을 놀라게 했다. 1000루피면 대략 20달러다. 스와치가 등장하기 전까지 가장 저렴한 정수기는 2000루피였다. 가격을 절반으로 낮춘 셈이다. 인도에서도 고가 정수기 시장을 들여다보면 눈이 휘둥그레진다. LG전자가 2011년 인도 고소득층을 겨냥해 출시한 정수기는 무려 4만 루피에 달한다. 스와치의 40배 가격인 셈이다.

가격이 1000루피면 저소득층이 구매할 수 있을까? 여전히 부담스러운 가격은 아닐까? 출시 당시 인도 농촌지역의 최저임금은 하루 100~120루피였다. 8~10일 정도 돈을 모으면 스와치를 구입할 수 있다.

인도에서 깨끗한 물에 연연하는 이유는 무엇일까?

타타는 스와치 정수기의 성공에 힘입어 스와치 브랜드로 다양한 용량과 기능을 갖춘 정수기를 판매한다. 사진은 다 타의 1000루피 정수기

　인도는 대도시건 농촌이건 정수되지 않은 물로 큰 곤란을 겪고 있다. 뭄바이를 비롯한 대도시에 가보자. 식민지 시절에 건설한 상수도관과 하수도관을 지금까지도 사용하고 있다. 100년이 지났으니 물이 흐르는 관이 어느 정도 녹슬어 있을 것이다. 수도꼭지에서 녹물이 나오지 않더라도 불안한 마음에 정수기를 사용한다.

　어쩌다 몇 년 만의 대홍수를 만나면 상수도관까지 물이 역류한다. 이럴 땐 정수기가 없으면 생활 자체가 불가능하다. 그래서 부유한 가정에서는 정수기를 두세 대씩 설치해놓고 있다. 설거지할 때도 정수기 물을 사용할 정도다. 얼마나 수돗물에 대한 신뢰도가 낮은지 짐작할 수 있는 대목이다.

시골은 더하다. 수도관조차 없다. 그래서 우물물을 마시는데, 이 우물의 위생상태가 좋지 않다. 더욱 큰 문제는 우물물의 위생상태가 육안으로는 구분하기 힘들다는 점이다. 오염된 물임에도 불구하고 눈으로 봐서 별 문제 없으면 그냥 마시는 습관이 여전히 인도 시골지역에 남아 있다.

스와치의 특징을 살펴보자. 일단 크다. 용량이 9.5L다. 필터의 수명도 길다. 필터 1개당 최대 3000L의 물을 정수할 수 있다. 5인 가족 기준으로 1인당 하루에 3L의 물을 마신다 하더라도 200일이나 사용할 수 있다.

필터에 장착된 기술은 단순하다. 쌀겨를 이용해서 불순물을 거르고 은 나노 입자를 활용해서 박테리아의 번식을 막는다. 정수기 필터 성능이 수명을 다했을 때에는 자동으로 급수가 중지된다. 전기가 필요 없고, 수돗물이 필요 없으며, 끓는 물이 필요 없다는 점이 인도 소비자들에게는 매력적이다. 위 뚜껑을 열고 아무 물이나 부어넣는다. 필터를 통과하면서 정수된 물이 아래로 떨어진다. 이 떨어진 물을 마시면 된다. 아주 간단한 원리다. 가능한 간단한 기술만 사용했다. 복잡한 기술이 들어가면 AS가 필요할 때 제대로 대응하기 힘들기 때문이다. 타타는 이 정수기로 2010년 〈월스트리트저널〉이 선정한 아시아 혁신기업

최우수상을 수상했다.

고드레지 냉장고에 담은 더 나은 삶의 약속

우리나라에는 잘 알려지지 않았지만 인도에서는 상당히 유명한 고드레지Godrej 그룹을 살펴보자. 1897년에 설립된 고드레지 그룹은 농업, 소비재, 화학, 건설, 전자 등 다양한 사업을 영위하고 있다. 생산품목 중에는 냉장고도 있는데, 1990년대 후반에 들어서면시 LG를 필두로 삼성전자, 월풀Whirlpool의 공격이 거셌다. 기존 시장에선 버티기 힘들었다. 뭔가 새로운 돌파구를 찾아야 했다.

2010년 무렵 인도인 중 20%만이 냉장고를 사용했다. 뒤집어 생각하면 비어 있는 시장이 80%에 달한다는 뜻이었다. 고드레지는 냉장고 구매자가 아닌 비구매자로 눈길을 돌렸다. 이들은 주로 농촌에 거주하거나 도시에 살더라도 빈민가에 살고 있는 사람이었다. 구매를 안 하는, 아니 못하는 이유를 살펴봤다. 불안정한 전력 공급과 비싼 가격이 주된 이유였다.

인도는 시골에 전체 주민의 70%가 거주한다. 시골은 지역 특성상 전력사정이 불안정하다. 설령 냉장고가 있더라도 툭하면 전기가 나간다. 이런 환경에서는 식품 보관이 불가능하다. 물론 높은 가격도 간과할 수 없는 장애요인이었다. 그렇다고 이 시장을 포기할 수는 없었다. 게다가

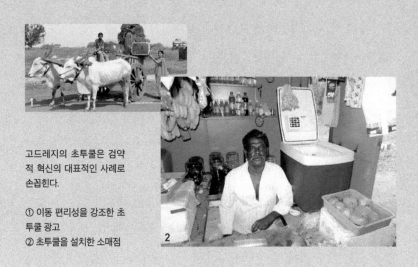

고드레지의 초투쿨은 검약적 혁신의 대표적인 사례로 손꼽힌다.

① 이동 편리성을 강조한 초투쿨 광고
② 초투쿨을 설치한 소매점

이들에게 냉장고가 주어질 때 바뀌는 삶에 대해 생각해봤다. 매일 신선한 우유와 상하지 않은 과일, 야채를 먹을 수 있다. 그만큼 건강한 생활을 누릴 수 있다. 굳이 냉장고가 아니더라도 신선식품을 시원하게 보관할 수 있는 저렴한 기기가 개발된다면 회사를 위해서도 사회를 위해서도 좋을 것이란 판단이 섰다.

고드레지는 우선 저소득층의 라이프스타일에 대해 알아보기로 했다. 직원들을 빈민가와 시골로 파견해 관찰과 질문을 병행했다. 질문도 폐쇄형, 예를 들어 "냉장고가 필요하십니까?"라고 묻는 대신 개방형,

즉 "어떤 제품을 시원하게 보관하고 싶으신가요?" "그 제품을 보관하고 싶은 이유는 무엇인가요?"라는 식으로 묻도록 했다.

조사 결과 이들은 인도의 부유층과는 라이프스타일이 달랐다. 식품을 매일 구매했다. 하긴 보관할 곳이 없으니 당연한 얘기다. 집 크기도 14m² 정도로 비좁았다. 거실과 침실의 구분이 없었다. 도시의 빈곤지역에 거주하는 사람들은 이사도 자주 다녔다.

그런데 조사하는 중에 중고 냉상고를 사용하는 가정이 발견됐다. 어떤 물품을 보관하고 있는지 궁금했다. 거의 비어 있었고 물 이외에는 들어 있는 게 없었다. 겉은 냉장고지만 속은 물병을 넣어놓은 사물함에 불과했던 것이다.

2010년 2월 고드레지 그룹은 새로운 개념의 냉장고를 시장에 내놓았다. 명칭은 초투쿨Chotukool. 힌디어로 초투는 '작다', 쿨은 '차다'는 뜻이다. 가격은 3500루피(약 70 달러)로 출시 당시 인도에서 가장 저렴한 냉장고 가격의 절반에 맞췄다. 압축기(컴프레서)와 냉매를 버리고 12볼트 배터리를 장착했다. 기존 냉장고는 200개의 부품으로 구성된다. 초투쿨은 이를 20개로 줄였다. 냉각효과를 높이기 위해 김치냉장고처럼 위에서 여는 방식을 채택했다. 단열재를 사용해서 전원 공급이 끊기더라도 몇 시간은 냉기가 유지되도록 했다. 용량은 43L, 무게는 8.5kg으로 어린이 몇 명이 함께 운반할 수 있을 정도로 가볍게 만들었다. 당시 인도 시장에서 가장 작은 냉장고 사이즈는 170L에 30kg이었다. 하지만 고드레지는 5인 가족에 43L 용량이면 적정 수준이라고 판단했다. 소비전력도 절반 수준. 다만 냉장고 내 온도가 10도 전후였는데, 이 또한 사전 관찰결과 별 문제 없는 것으로 판명됐다.

시장 상황은 만만치 않았다. 가격을 절반으로 낮췄지만 시골주민의 소득수준과 비교해볼 때는 여전히 그림의 떡이었다. 고드레지는 시골주민이 초투쿨을 활용해서 돈을 벌 수 있도록 도와준다면 새로운 수요가 창출될 것으로 판단했다.

구멍가게 주인에게는 초투쿨을 들여놓고 여기에 물과 초콜릿을 보관하면 그만큼 판매가 늘어날 것이라고 설득했다. 과일, 야채, 유제품을 파는 상인에게는 남는 물건을 초투쿨에 보관하면 그 다음날에도 팔 수 있다고 강조했다. 실제 시뮬레이션을 해보니 하루에 40~50루피 정도의 추가소득이 발생할 것으로 계산됐다. 초투쿨을 할부로 구매한다고 해도 4~5개월이면 본전을 뽑는다는 결론이다. 고드레지의 전략은 보기 좋게 성공했다. 발매 첫해에 약 10만 개의 제품이 판매됐다.

고드레지는 '3L'이라는 비전을 갖고 있다. 자사 제품 소비자의 생활수준Living Standard을 높이고, 생계수단Livelihood을 제공하며, 라이프스타일Lifestyle을 향상시키겠다는 것이다. 그런 점에서 초투쿨은 고드레지의 비전과 잘 어울린다.

분석 검은 고양이건 흰 고양이건 쥐만 잘 잡으면 된다

위생적이지 못한 물이 일반화된 지역에선 정수기가 생필품이다. 인도 남부처럼 더운 지방에선 음식이 상하지 않도록 하는 냉장고도 필수품이다. 필수품인데 가격이 비싸면 저소득층의 삶은 더욱 곤란해진다. 물이건 음식이건 모두 건강과 직결돼 있다.

가격을 떨어트리면 저소득층도 구매할 수 있지만 기존 방식으로는 생산단가를 낮추는 데 한계가 있다. 기존 상식에서 벗어난 R&D를 통해 원가절감을 시도해야 한다. 타타는 정수기에 쌀겨를 활용했고 고드레지는 냉장고에서 컴프레서를 없앴다. 개도국 기업이 자국 빈민층을 위해 제품을 개발하는 이러한 방식을 '검약적 혁신'이라고 부른다. 이는 영국 케임브리지대학 나비 라드주Navi Radjou 교수가 처음 사용한 용어로 중국과 인도 등의 신흥국가를 중심으로 확대되고 있다. 앞서 언급한 역혁신은 선진기업이 개도국에 R&D센터를 설치하고 제품을 개발해 다시 선진시장으로 유입한다는 점에서 차이가 있다.

'검은 고양이건 흰 고양이건 쥐만 잘 잡으면 된다'는 흑묘백묘론처럼 검약적 혁신이건 역혁신이건 사회에 기여하면서 기업이익을 증대시키면 된다. 기존 아이디어를 버리고 새로운 방식으로 접근하겠다는 발상의 전환이 중요하다.

개도국의 아픔을
함께하다

그라민다논 현지 생산, 현지 소비 모델

2005년 10월 파리의 한 레스토랑에서 프랑크 리부Franck Riboud 다논 Danone 회장과 무하마드 유누스Muhammad Yunus 그라민Grameen 은행 총재가 만났다. 그라민 총재는 굶주리는 방글라데시 어린이를 위한 사업의 필요성을 역설했고 리부 회장은 공감했다. 그리고 1년 후 방글라데시 수도인 다카에서 북쪽으로 230km 떨어진 마을에서 합작회사가 출범했다. 공장 건설에 1년이란 기간이 소요됐고, 2007년 11월 공장 완공 행사에는 프랑스의 유명한 축구선수 지단의 모습도 비쳤다. 그라민다논 푸드Grameen Danone Foods는 이렇게 탄생했다.

이 회사는 사회적 비즈니스 모델을 따르고 있다. 초기에 그라민과 다논이 일정한 금액을 투자한다. 자선사업이 아닌 만큼 수익창출을 목적으로 한다. 하지만 수익이 창출되더라도 그 이익은 현지 유사사업에 재투자하기로 했다. 합작회사는 이 원칙을 충실히 지켰다. 생산품목은 요구르트다. 방글라데시 아동의 영양상태 개선을 목적으로 하는 만큼 비타민과 미네랄 등 성장발육에 좋은 성분이 많이 들어 있다. 80g 요구르트 가격을 5타카(7센트)로 정했다.

그라민다논은 방글라데시 현지에 요구르트 생산공장을 세우고, 여기서 생산한 제품을 지역 여성들로 구성된 '그라민 레이디'를 통해 판매했다.

① 그라민다논의 현지 생산공장 ② 다논 요구르트 판매원 그라민 레이디

공장을 건설하면서 모든 것을 커뮤니티 내에서 해결하는 비즈니스 모델을 구상했다. 원료인 우유와 당밀은 근처 농가에서 구입한다. 공장근로자도 지역주민, 판매원도 그라민 레이디Grameen Lady라 불리는 여성으로 구성된 지역주민이다. 공장을 기준으로 반경 30km 내에서 1500개의 새로운 일자리를 창출했다. 동네에서 모든 것을 소화해야 하니 공장 크기도 200평 정도로 작게 만들었다. 이는 일반적인 다논 요구르트 공장의 100분의 1 정도 규모다.

커뮤니티 내에서 모든 것을 해결하는 비즈니스 모델을 지산지소地産地

消(현지생산 현지소비) 모델이라고 한다. 안타깝게도 이 모델은 작동되지 않았다. 5타카라는 파격적인 가격에도 불구하고 가격저항이 존재했다. 빈곤층이 구입하기엔 만만한 금액이 아니었던 것이다. 판매량 증가 속도도 당초 계획보다 더뎠다.

판매를 맡았던 그라민 레이디는 판매액에 비례해서 판매 수수료를 받는다. 판매액이 적으면 그만큼 수입이 줄어든다. 요구르트 판매만으로는 생활하기 어려웠고, 결국 조직을 이탈하는 판매원들이 하나둘 늘기 시작했다. 이익은 고사하고 손해가 날 판이었다.

결국 대도시에도 제품을 유통시키기로 전략을 변경한다. 수도인 다카는 80g에 12타카, 다른 중소도시는 80g에 8타카를 받기로 했다. 농촌지역에는 60g 용기를 새로 만들어 6타카로 가격을 책정했다.

다논은 방글라데시 사업을 통해 많은 것을 배웠다. 다논 제품 중 40%가 개도국에서 팔린다. 그렇지만 소비자는 개도국의 상위 5~10%에 해당하는 상류층이었다. 다논은 개도국의 가난한 사람들, 시골에 사는 사람들을 대상으로 향후 어떻게 제품을 개발하고 유통시킬지 몸소 체험했다. 물론 시행착오도 많았다. 하지만 다논이 방글라데시 시장에서 얻은 경험은 향후 다른 개도국 저소득층 시장을 공략할 때 귀중한 자산으로 빛을 발할 것이다.

아지노모토 일본 기업이 아프리카로 간 이유

일본 아지노모토Ajinomoto는 2009년 창립 100주년을 맞아 의미 있는 프로젝트를 진행하고 싶었다. 자신들의 강점을 활용해서 사회공헌도 하고 기업경영에도 도움이 되는 프로젝트를 찾고 있었다.

자사가 보유한 다양한 제품 중에서 아미노산이 눈에 띄었다. 단백질의 최소 단위인 아미노산은 우리 몸을 구성하는 중요한 영양소다. 아미노산은 필수와 불필수로 나뉜다. 필수 아미노산은 체내에서 합성되지 않아 음식으로 섭취해야 한다. 반면 불필수 아미노산은 섭취하지 않아도 신체 내에서 합성이 이뤄진다. 단백질을 구성하는 20여 종의 아미노산 중 9종은 필수 아미노산이다.

필수 아미노산이 부족하면 어떻게 될까? 단백질을 만드는 데 문제가 생기고, 이는 영양부족으로 이어진다. 필수 아미노산과 영양부족 문제를 연계시킨다면 사회에도 좋고 기업에도 좋은 무언가가 만들어지지 않을까 하는 의견이 사내에서 개진됐다. 마침 아지노모토는 필수 아미노산을 활용해서 영양성분을 개선하는 프로젝트를 1995년부터 꾸준히 해오고 있던 참이었다. 사내에 노하우가 쌓여 있다는 의미다.

영양부족 문제의 해결책은 아프리카에서 가장 필요로 하지 않을까? 아프리카 가나의 영아사망률 문제가 아지노모토의 관심을 끌었다. 2010년 세계보건기구WHO 통계에 따르면 아프리카 가나 영아의 생후

12개월 내 사망률은 1000명당 51명에 달할 정도로 매우 높았다. 여러 가지 원인이 있겠지만 영양부족도 이유 중의 하나였다.

가나에서 태어난 아이는 생후 6개월이 되면 젖을 떼고 이유식을 먹기 시작한다. 현지에서는 이 이유식을 코코Koko라고 부르는데, 옥수수를 발효시킨 죽이라고 보면 된다. 옥수수에 영양분이 있어야 얼마나 있을까. 에너지, 단백질이 부족한 전통 유아식이 유아의 저성장, 저체중의 원인이 됐다. 아지노모토는 여기에 주목했다. 코코에 섞어 먹이는 영양가 높은 보조식품을 개발한다면 유아 신체발달에 도움을 주면서 새로운 시장을 창조할 수 있을 것으로 봤다.

아지노모토는 현지 니즈에 부합하는 제품의 조건으로 다음의 세 가지를 꼽았다.

첫째, 빈곤층에서도 구입 가능할 것affordable, 둘째, 전통적 식문화를 존중할 것acceptable, 셋째, 현지인들이 제품구입을 열망하고 주위에 자랑하고 싶어할 것aspirational. 이러한 전제 조건하에서 콩을 기반으로 단백질, 아미노산, 비타민, 미네랄을 첨가한 '코코 플러스'라는 제품을 만들었다.

조목조목 살펴보자. 봉지당 15g을 담아 100원 정도의 소매가를 책정했다. 끼니당 5g씩 하루에 세 번 사용할 수 있는 분량이다. 최소 일주일에 사흘은 먹어야 영양부족 문제가 해결된다. 그렇다면 한 달에 12봉지, 1200원 정도가 필요한 셈이다. 다행히 이 정도는 가나의 가난한 시골마을에서도 부담할 수 있는 금액이었다.

별도의 식품을 개발하지 않고 기존 유아식에 섞어 먹는 방식을 채택했다. 기존의 식문화를 존중한다는 뜻이다. 무언가 첨가된다면 맛이 바뀔 수도 있다. 일본 기술개발자의 입맛에 맞는 것은 의미가 없다. 현지의 엄마, 아이의 입맛에 맞아야 한다. 몇 번의 시행착오를 거쳐 현지 입맛에 맞는 맛을 찾아냈다.

갖고 싶어 열망하고 주위에 자랑하는 제품이 될지 어떨지는 시제품 생산 단계에선 알 수 없다. 현지 원료를 사용해서 현지 생산까지 마무리 짓기 위해서는 적절한 파트너를 찾아야 한다. 혹시 아지노모토가 빠지더라도 지속적으로 제품을 생산할 수 있는 기업이 필요하다. 게다가 이 프로젝트는 현지 농업 생산성 증진, 현지 기업역량 향상, 고용 창출 등이 뒷단에 연결돼 있다. 이 또한 수행 가능한 기업이어야 한다.

물색 끝에 현지 식품회사인 예덴트Yedent를 파트너로 선정했다. 예덴트는 UN산하 세계식량계획World Foods Programme, WFP이나 영양강화를 위한 국제연합Global Alliance for Improved Nutrition, GAIN과 일해본 경험이 있어 글로벌 프로젝트를 잘 수행할 것으로 여겨졌다. 아지노모토 식품연구소 연구원들이 기술이전에 주력해 2011년 후반부터 시험생산에 들어갔다.

아지노모토는 가나에서 추진한 식생활개선 프로
젝트의 경험을 바탕으로 어린이용 응급영양식품
(RUTF)를 개발했다.

① 코코플러스를 먹는 아이와 이를 판매하는 상인
② 어린이용 응급영양식품(RUTF)

마침내 2011년 가나 보건성과 투자에 관한 양해각서MOU를 체결했
다. 사실 정부 부처가 민간기업과 MOU를 맺는 것은 이례적인 일이다.
그렇지만 아지노모토 측의 프로젝트에 대한 진정성이 전달돼 MOU로
이어졌다. 아지노모토 입장에서는 개발한 제품이 정말 영양개선에 도
움이 되는지 실험을 해야만 했다. 이는 정부의 도움이 없으면 불가능한
일이었다.

2012년 5월부터 2015년 3월까지 가나 중부지방에서 실험을 실시했

다. 분석결과, 코코플러스를 먹은 유아가 다른 약간의 영양소만 섭취한 유아 및 아무 것도 섭취하지 않은 유아보다 건강한 것으로 나타났다.

가나는 북부와 남부의 환경이 전혀 다르다. 농업 중심의 북부는 소득도 낮고 영양상태 문제도 심각하다. 상업과 농업이 혼재된 남부는 북부보다는 덜하지만 주변국에 비하면 소득과 영양상태 면에서 여전히 개선할 부분이 많았다. 북부지역에서는 여성인력을 판매사원으로 하는 모델을 실험했고, 남부지역에서는 소규모 소매점 유통과 라디오 광고를 병행했다. 북부지역의 효과가 높았다. 라디오로 '영양만점의 제품'이라고 광고하는 것보다 판매사원들이 일일이 제품을 들고 돌아다니면서 설명하는 것이 효과가 컸던 것이다.

아지노모토는 시장조사, 생산기술 이전, 정부와의 관계, 홍보 및 광고 등을 차근차근 추진해나갔다. 그럼에도 불구하고 판매는 계획에 비해 미흡했다. 어차피 창립 100주년을 기념해 진행한 프로젝트이긴 하지만 회사 수익으로까지 연결되지 못한 점은 안타깝다.

아지노모토는 가나에서 축적한 노하우를 바탕으로 2015년 10월부터 아프리카 말라위에서 어린이용 응급영양식품Ready to Use for Therapeutic Food, RUTF의 효과를 측정하는 실험을 시작했다. RUTF는 죽처럼 걸쭉한 액상 제품이다. 파우치를 개봉해서 바로 먹을 수 있다. 6~8주간 섭취하면 심한 영양불량 상태에서 회복할 수 있는 것으로 조사됐다.

아프리카 중에서도 사하라 이남 지역은 자연재해, 내전 등으로 식량 위기와 영양불량 문제가 심각하다. 이 시장의 70%를 구미기업이 장악하고 있는데, 아지노모토는 현지에서 조달 가능한 곡물을 중심으로 제품개발에 나선 것이다. 아지노모토는 RUTF 본격 생산체제가 갖춰지면 생산단가도 떨어지고 그만큼 가격경쟁력을 지닐 것으로 예상하고 있다. 가나에서의 합작 경험이 RUTF를 개발하는 데 밑거름이 된 것은 물론이다.

분석 기업은 시장 개척 경험, 개도국은 산업발전의 기반

개도국 빈곤층에 관한 전 세계적인 관심은 프라할라드C. K. Prahalad 교수의 명저《저소득층 시장을 공략하라The Fortune at the Bottom of the Pyramid》에서 출발했다. 하루 2달러 미만으로 생활하는 40억 명을 도움의 대상이 아닌 판매의 대상, 즉 시장으로 보라는 발상이 신선했다. 오늘의 빈곤층이 미래의 중산층으로 올라갈 수 있으며, 이들에 대해 지금부터 관심을 갖고 있어야 함을 강조했다.

다논이나 아지노모토는 현지에서 필요한 제품생산에 도움을 주면서, 향후 유망 시장으로 부상할 개도국 저소득층 시장을 미리 경험해보는 일석이조의 효과를 거뒀다. 머릿속으로 그려봤던, 또는 컨설팅 보고서에서 접해봤던 시장과 현장에서 만나는 시장이 같을 수 없다.

다논은 당초 공장 주변에서 모든 것을 해결하는 커뮤니티 모델을 구상했지만 수익 문제로 인해 대도시 진출을 피할 수 없었다. 아지노모토는 소득이 낮은 지역의 입소문과 소득이 높은 지역의 라디오 광고 중 어느 쪽이 매출증대에 효과적인지 실제 체험을 통해 알아냈다. 이러한 실전 경험은 이후에 유사시장으로 진출하는 데 큰 위력을 발휘 할 것이다.

개도국 입장에서도 필요한 상품을 무상으로 받는 것보다 상품개발을 지원받는 것이 훨씬 효율적이다. 방글라데시에 필요한 요구르트를 다논이 프랑스 공장에서 만들어 배송해줄 수도 있다. 이는 시혜적 차원의 CSR 활동이다. 영양부족이라는 당장 급한 불은 끌 수 있지만, 원조가 중단된다면 그만큼 고통이 커진다. 반면 공장을 세워서 산업을 일으킨다면 방글라데시의 경제성장에까지 긍정적인 영향을 미친다. 원조가 중단돼도 자체적으로 산업 생태계를 만들어 지속성을 유지할 수 있다. 현지에서 필요로 하는 제품개발을 지원하는 활동은 기술을 전수하는 기업과, 기술을 전수받는 개도국 모두가 윈윈할 수 있는 길이다.

03

발상의 전환이 가져온
원가혁신

1980~1990년대 경영학 원론 교재는 '계속기업going concern'에 대한 이야기부터 시작한다. 기업은 계속 존재해야 하며 이를 위해서는 이익창출이 필수적이다. 기업의 재무상황은 대차대조표와 손익계산서를 보면 알 수 있다. 이 중 손익계산서를 아주 단순화시켜보자. 매출에서 원가를 빼면 이익이 남는다(매출 − 원가 = 이익). 매출은 제품의 판매가격에 판매량을 곱한 값이다(매출 = 제품 가격×판매량). 결국 제품 판가를 올리거나, 판매량을 늘리거나, 원가를 낮추면 이익은 증대한다.

저명한 컨설턴트는 쉬운 개념을 멋지게 포장한다. MIT대 교수였다가 후일 경영 컨설턴트로 변신한 마이클 트레이시Michael Tracy는 1990년대 초반에 인텔Intel 등 당시 초일류기업을 분석했다. 그 결과 초일류기업들에는 두루 잘하려 하기보다 업의 특성에 맞춰 자기가 잘하는 분야에 집중하는 모습이 공통점으로 발견됐다. 트레이시는 그 분야를 제품

리더십product leadership, 고객 밀착력customer intimacy, 운영 효율성operational
excellence 3가지로 정리했다. 판매가격을 올리려면 지속적 혁신을 통해
제품의 품질과 성능을 높여야 한다. 제품 리더십이 여기에 해당된다.
고객이 원하는 것을 정확하게 맞춰주면 제품은 그만큼 많이 팔린다. 고
객 밀착력을 의미한다. 원가를 낮추면 이익이 늘어난다. 운영 효율성이
이를 뜻한다. 이때, 원가를 낮추면서 가격도 함께 떨어트리면 어떻게
될까? 고객이 한 명이라면 기업 입장에서는 아무런 재무적 이득을 보
지 못할 것이다. 하지만 가격을 낮춤으로써 많은 신규 고객을 받아들일
수 있다면? 게다가 그 고객들이, 기존에 특정 서비스를 이용하고 싶었
어도 높은 가격 때문에 서비스를 이용할 수 없는 계층이었다면? 분명
이익을 내면서도 사회적으로 도움을 주는 좋은 방법이 된다.

　빈곤층을 돕기 위해서는 R&D 부문과 마찬가지로 원가절감을 통한
가격하락이 중요하다. 방법에 있어서 R&D는 각종 혁신을 활용하는
반면에, 운영은 분업의 원리, 집중의 원리를 활용한다.

　분업의 원리를 대표하는 예로 아라빈드 안과 병원Aravind Eye Hospital이
있다. 아라빈드 안과 병원은 경영전략 측면에서 보면 '이업종異業種 벤치
마킹'이다. 쉽게 말해 맥도널드를 벤치마킹해서 기존에 존재하지 않았
던 새로운 운영시스템을 창출했다. 여기서는 비용절감 및 품질유지 차
원에서 살펴보도록 하겠다.*

집중과 선택을 통해 원가를 절감한 라이프스프링 병원LifeSpring Hospitals도 살펴볼 만하다. 아울러 환경친화적인 부분도 운영 부문에서 다룬다. 사실 환경에 관해서는 전문가 사이에도 이론이 많다. 원자력 발전소를 계속 운영해야 하는가 아니면 중단해야 하는가에 대해서도 양쪽 주장 모두 옳은 점이 있다. 여기서는 환경친화, 그 중에서도 순환경제 circular economy에 대해 중점적으로 사례를 발굴했다. 의류산업과 자동차산업에서 어떤 일이 일어나고 있는지 살펴보고 시사점을 음미해보자.

맥도널드를 벤치마킹한 병원들

아라빈드 안과 병원 백내장 수술비가 10달러, 그래도 수익을 낸다

인도 사람 중 1000만 명 정도가 시각장애인인데 이 중 80%는 백내장 때문이다. 백내장은 눈 속의 렌즈인 수정체에 이상이 생겨 시야가 뿌옇

● 동일한 기업 사례도 어떤 관점에서 보는가에 따라 다양한 해석이 가능하다. 멕시코의 시멘트기업인 시멕스의 사례(3부에서 소개)는 블루오션에서는 새로운 시장을 창출한 것으로, 서비스 경영에서는 시멘트라는 딱딱한 제품에 감성을 입힌 사례로, 사회공헌 측면에서는 가난한 사람을 돕는 사례로 인용된다.

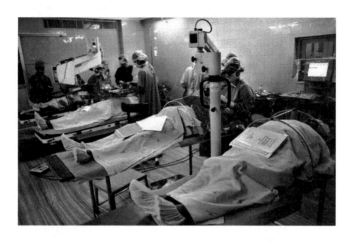

아라빈드는 철저한 역할 분담을 통해 수술의 효율성을 극대화한다. 사진은 아라빈드에서 단체로 백내장 수술을 하는 모습.

게 흐려지는 현상을 말한다. 수정체를 인공렌즈로 교환하는 것이 백내장 수술의 핵심이다. 수술만 하면 밝은 세상을 볼 수 있는데, 인도에서는 수술비용이 비싸서 수술을 못하는 사람이 많다.

1976년 공립 의료시설에서 안과 의사로 일하다 은퇴한 고빈다파 벤카타스와미Govindappa Venkataswamy 박사는 시골 마을에서 아라빈드 안과병원(이하 아라빈드)을 개업했다. 11대의 병상 중 6대는 비용을 지불할 수 없는 환자를 위해, 5대는 수술비를 지불할 수 있는 환자를 위해 마련했다. 수술비 낼 여력이 있는 사람의 돈으로 가난한 환자까지 치료하는 모델을 만든 것이다.

1992년 아라빈드는 사회적 기업가인 데이비드 그린David Greene, 세바재단Seva Foundtion과 공동으로 오로랩Aurolab이라는 회사를 설립한다. 오로랩은 미국에서 개당 60~150달러에 판매되는 인공렌즈를 10달러에 판매하는 시스템을 만들었다. 특허가 만료된 기술을 이용하고, 아라빈드를 통한 대량생산 대량판매 모델이 원활히 돌아간 덕분에 가능했다.

2010년을 기준으로 돈을 낼 수 있는 환자는 수술비로 100달러를 낸다. 미국에서는 같은 수술에 3000달러 정도 지불하니, 이 정도 금액만 해도 매우 싼 셈이다. 그렇지만 이 금액마저 부담스러운 환자가 있다. 이 사람은 10달러만 지불한다. 수정체 인공렌즈 금액이다. 100달러를 내건 10달러를 내건 이들은 자기 스스로 병원까지 온 사람들이다. 아라빈드는 버스에 수술 장비를 싣고 이 마을 저 마을을 순회한다. 흔히 캠프라고 불리는 이 활동을 통해, 병원까지 찾아오지 못하는 빈민들은 무료로 수술을 받는다.

그럼에도 불구하고 아라빈드는 '수익을 내고 있다.' 수익의 원천은 생산성이다. 아라빈드에서는 한 명의 의사가 연평균 2000회의 수술을 실시한다. 인도 평균이 400회인 것에 비하면 5배나 많이 하는 셈이다. 선진국에선 백내장 수술에 최소 30분은 소요된다. 아라빈드는 10분 만에 끝낸다. 아라빈드의 경이로운 생산성은 철저한 분업체제에서 나온다.

백내장 수술과정을 살펴보자. 한 명의 의사와 네 명의 보조원이 한 팀을 이룬다. 의사를 중심으로 2대의 병상에 환자가 누워 있다. 환자의 눈을 세척하는 것, 수정렌즈를 삽입하기 위해 눈을 절개하는 것은 보조원의 역할이다. 의사는 수정렌즈를 정확히 삽입하는 일만 한다. 절개된 눈을 봉합하는 것도 보조원의 몫이다.

생산성이 높은 만큼 원가가 떨어지고, 원가가 떨어진 만큼 이익은 높아진다. 2010년을 기준으로 매출은 3200만 달러, 이익률은 25%에 달했다.

작업을 빠른 시간 내에 하는 만큼 수술의 질이 떨어질 위험이 있다는 지적이 나올 수 있다. 이는 기우다. 아라빈드는 고품질 유지를 위한 몇 가지 장치를 마련했다. 환자가 찾아오면 어느 정도 중증 환자인지 살펴본다. 중증이다 싶으면 아라빈드의 기존 수술 프로세스에서 제외시킨다. 이 경우에는 최고의 실력을 갖춘 의사가 별도로 수술한다. 가장 사고 확률이 높은 지점에 가장 실력 있는 의사를 배치하는 전략이다.

수술 결과를 데이터베이스화하는 것도 품질에 영향을 미친다. 환자는 수술 전 점검, 수술 후 점검, 그리고 6주 후 추가 점검을 받는다. 환자의 상태, 수술건수, 수술 소요시간 등이 개별적으로 집계된다. 더 잘하는 사람의 사례를 공유하면서 실력을 향상시킨다. 무료 환자와 유료 환자를 교대로 진료토록 한다. 아무리 교육을 시켜도 의사나 보조원도 사람인 이상 무료 환자는 소홀히 대하려는 태도가 무의식적으로 나타난다. 이를 사전에 방지하려는 의도다.

11대의 병상에서 출발한 아라빈드는 오늘날 인도 남부에 11개의 병원과 진료소를 갖고 있는 병원 그룹으로 성장했다. 2016년 기준으로 40만 건의 안과수술을 실시했고, 370만 명의 환자를 진료했다. 숫자로 보면 단연코 전 세계 1위다. 안과수술 40만 건 중 유료가 20만 건, 보조금 형태 12만 건, 캠프 형태(완전 무료)가 8만 건이다.

라이프스프링 병원 저소득층을 위한 맥도널드식 분만 병원

안과에 이어 이번에는 산부인과로 넘어가보자. 인도는 임산부 사망률이 매우 높은 나라다. 매년 10만 명이 출산 중 사망할 정도인데, 이는 2007년 기준으로 중국의 6배에 달하는 수치다. 출산 전후 합병증으로 고생하는 여성의 숫자 또한 사망자 수와 비슷하다. 병원으로부터 적절한 돌봄을 받으면 해결할 수 있는 문제임에도 불구하고 공립병원은 분만실 부족, 사립병원은 높은 단가가 문제해결의 장애요인으로 작용한다. 인도에서 전문 의료진의 도움 없이 출산하는 비율이 무려 57%에 달했다. 사립병원보다는 단가가 낮고, 공립병원보다는 수준 높은 서비스를 받을 수 있는 분만 전용병원이 있다면 어떨까? 인도 국영 헬스케어 기업 힌두스탄 라텍스Hidustan Latex(현 HLL라이프케어)에서 영업을 담

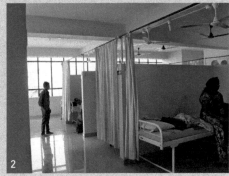

라이프스프링 병원은 20개 병상 규모의 소규모 시설에 약국, 의료시설은 외주로 돌려서 초기 투자비용을 낮췄다.

① 라이프스프링 병원의 지점 모습
② 깔끔하게 인테리어된 병실 내부 모습

당하던 아난트 쿠마Anant Kumar는 인도 여러 지역을 돌아다니면서 이러한 수요가 있다는 사실을 발견했다. 자신이 다니던 회사를 설득해서 라이프스프링 병원이라는 모자母子의료 전문병원을 2005년에 개원했다.

과도한 투자는 피하기로 했다. 20개 병상의 소규모로 시작했다. 병원 운영공간은 장기임대 계약으로 마련하고, 약국이나 연구시설은 외주

로 돌림으로써 초기 투자비용을 최대한 억제했다. 병실은 일반실, 준 1
인실, 1인실로 나눴다.

물론 일반실이 전체의 70% 이상을 차지한다. 일반실에 입원할 경우
분만, 이틀간의 입원, 약대, 아기용품 포함 2000~4000루피(42~85달러)
를 청구한다. 1인실일 때는 이 금액이 7000루피(150 달러)까지 올라가
는데, 그래도 사립병원보다는 낮은 가격이다. 라이프스프링 병원은 이
정도 금액을 지불할 수 있는 사람들이 많이 모여 있는 곳에 병원을 열
기로 했다. 대도시의 저소득층 밀집 지역이 가장 적절한 장소였다.

의료진 구성은 상근 의사 2명, 비상근 의사 2명을 기본 모델로 했다.
일인당 분만수술 횟수는 일주일에 4~5건이다. 일반병원이 1~2건인 것
에 비하면 많은 수술을 하는 셈이다. 대신 라이프스프링 병원은 의사가
수술에만 전념할 수 있는 시스템을 갖췄다.

이 병원은 자연분만과 제왕절개에만 집중한다. 수술이 잘 끝나면 다
행이다. 혹시 수술 중 문제가 발생하면 어떻게 하나? 근처에 있는 다른
전문병원으로 환자를 이송시킨다. 앞서 아라빈드에서 고난도 수술이
필요한 환자는 기존 프로세스에서 제외시켜 숙련된 의사가 집도하는
사례를 설명했는데, 라이프스프링 병원에서는 한 술 더 떠서 열외 상
황이 발생하면 다른 병원으로 보낸다. 자연분만과 제왕절개 수술 이외
에 다른 어떤 수술을 할 수 있는 전문의나 기구가 없다. 황당할 수도 있

지만, 이것이 비용을 절감시키는 방법이다. 실제 문을 열고 운영해보니 18개월 만에 흑자전환이 가능했다. 자신감을 얻고 동일한 모델로 병원을 확장해나갔다. 2016년 기준으로 13개 체인병원으로 성장했다.

분석 더 많은 이들에게 더 많은 혜택을

원가를 낮춘 전형적인 사례는 포드 자동차의 모델T다. 1908년 출시 돼 1927년 사라질 때까지 무려 1500만 대가 팔리며 자동차 대중화를 이끌었다. 자동차 가격은 일반 노동자나 서민들이 구매할 수 있을 정도로 낮아야 한다는 헨리 포드의 철학은 확고했다.

컨베이어 방식이라는 생산혁신으로 원가절감에도 성공했다. 철학과 원가절감이 만나 자동차 가격을 대폭 낮췄다. 당시 미국의 고급 자동차는 2000~3000달러 정도에 판매되고 있었는데, 모델T의 가격은 850달러에 불과했고 이어 1920년대에는 300달러까지 떨어졌다.

아라빈드와 라이프스프링 병원 사례는 분업의 원리, 집중의 원리를 통해 원가를 낮춘 케이스다. 가격을 건드리지 않았다면 원가절감분은 고스란히 병원의 이익으로 반영됐으리라. 하지만 그렇게 하지 않았다. 원가를 낮추는 목적이 가격을 낮추는 데 있었기 때문이다. 가격을 낮춤으로써 더 많은 사람들이 병원을 찾도록 하는 인도주의 정신이 바탕에 깔려 있었던 것이다.

경영학에서는 소비자의 니즈needs와 원츠wants를 구별한다. 니즈는 필요로 하는 것, 원츠는 없어도 되지만 갖고 싶어 하는 것으로 해석한다. 감성적으로 소비자를 자극하는 것, 즉 이미 선글라스가 있어도 추가로 하나 더 구매하라고 유혹하는 것은 분명 원츠를 자극하는 것이다. 니즈는 다르다. 충족되지 않으면 기본적인 삶의 질에 영향을 받게 된다. 사회기여 관점에서 볼 때 니즈에 보다 집중해야 하는 이유다.

시각장애인이 되는 걸 막는 백내장 수술, 안전한 분만은 분명 원츠가 아닌 니즈다. 니즈는 원츠보다 가격에 훨씬 민감하다. 가격을 낮추지 않으면 소외되는 이들이 생기기도 쉽다. 인간다운 삶을 위해 반드시 필요한 제품과 서비스임에도, 단지 '비싸다'는 이유로 수혜를 받지 못하는 이들이 발생한다. 아라빈드와 라이프스프링 병원 모두 더 많은 이들에게 더 많은 혜택을 줄 수 있는 방법이 무엇인지에 대한 인도주의적 고민에서 새로운 사업 기회를 포착했다. 굳이 개도국까지 갈 것 없다. 우리 주변에서도 소외된 이웃을 위해 어떤 일을 할 수 있을지, 진지하게 고민해 볼 필요가 있다.

쓰레기를 상품으로,
순환경제의 탄생

H&M 패스트패션의 단점을 장점으로

순환경제는 한 번 사용된 자원이 마지막 폐기 단계에서 버려지는 단선형 경제linear economy와 달리 기존 상품을 수리하고, 재단장하고, 재활용함으로써 버려지는 자원을 최소화하고 나아가 지속적으로 사용할 수 있는 구조를 의미한다. 최근 순환경제가 기업의 새로운 비즈니스 모델이자 사회공헌 모델로 떠오르고 있다. 그 대표적인 산업이 패션 분야다. 의류산업 패스트패션 분야의 선도기업 중 하나인 H&M을 만나보자.

1947년 스웨덴에서 의류사업을 시작한 이 회사는 전 세계에 3600개의 매장을 갖고 있다. H&M 이외에 칩 먼데이Cheap Monday, 멍키Monki 등의 브랜드도 보유하고 있는데, 이들까지 포함하면 매장 숫자는 4000여 개로 늘어난다. 2016년 기준 매출액 230억 달러, 종업원 수는 15만 명에 달한다.

회사의 경영방침은 리더의 철학을 따르기 마련이다. H&M은 창업자의 3대손인 카를-요한 페르손Karl-Johan Persson이 진두지휘하고 있다. 페르손은 H&M 직원들이 "돈 없는 사람들도 누구나 가질 수 있는 옷이

윤리적이고 지속가능하길 바란다"는 본인의 경영철학을 공유하길 원한다. 여기서 윤리적이란 개도국 생산공장에서 아동노동, 임금착취와 같은 문제가 발생하지 않는 것을 지칭한다. 지속가능이란 자원을 아끼고 환경을 보호하는 것을 일컫는다.

H&M과 같은 패스트패션을 바라보는 시각에는 '가격이 저렴하다'는 긍정적 평가와 '한 철만 입고 버리는 소비풍조를 조장한다'는 부정적 인식이 함께 존재한다.

경영 측면에서 부정적 인식은 가능한 빨리 제거해야 한다. 한 번 입고 난 의류를 재활용하자는 아이디어는 그래서 중요하다. 2013년부터 H&M은 헌옷 수거 프로그램을 전 세계에서 진행하고 있다. 예를 들어 우리나라에서는 소비자가 쇼핑백에 버리는 옷을 담아가면 H&M에서 4만 원 이상을 구매할 때마다 사용할 수 있는 5000원 할인 바우처를 준다. 헌옷이 반드시 H&M의 제품일 필요는 없다. 2016년 봄까지 수집된 헌옷은 2만 8000톤에 달한다. 이는 티셔츠 1억 2000만 장에 해당하는 무게라고 한다.

사실 헌옷을 수거해 할인 바우처를 제공해주는 건 대부분의 패스트패션 업체들이 비슷비슷하게 실시하고 있는 캠페인 활동이다. H&M의 특징은 수거된 옷을 어떻게 활용하느냐에 있다. 상태에 따라 재착용, 재사용, 재활용, 에너지원의 용도로 활용된다. 이를 패션의 폐쇄순환Closed loop 구조라 표현한다.

구체적으로 살펴보자. 한 집안에 여러 아이가 있을 때에는 옷을 대물림이라도 하지만 한 가구 한 자녀인 집에서는 그것도 쉽지 않다. 아이의 사촌동생에게 물려 입히기에도 괜히 눈치가 보인다. 그래서 누군가다시 입을 수 있는 상태의 제품을 수거해서 전 세계 중고시장에 유통한다. 재착용이다.

내의를 입다가 구멍이 나면 이것을 걸레로 쓴 기억이 있을 것이다. 착용이 불가능한 옷감은 청소도구 등 다른 제품으로 개조된다. 재사용이다.

이마저도 힘들 정도로 낡은 옷이라면 원사로 재활용된다. 자동차의 절연 소재로 활용되기도 한다. 이것도 곤란한 경우에는 에너지원으로 활용된다. 결코 그냥 버리는 법이 없다.

H&M은 산하에 재단을 운영하고 있다. 이 재단에서는 2015년 가을, 패션의 폐쇄순환 구조에 기여할 수 있는 글로벌 체인지 어워드Global Change Award를 개최했다. 전문가 집단은 5개의 아이디어를 선정, 온라인 투표를 실시했다. 총 2만여 명 이상이 참가한 투표에서 1위는 '폐기 면화를 새로운 직물로 재탄생'시키는 아이디어가 차지해 30만 유로의 상금을 받았다. 경연에 참가했던 다른 아이디어도 주제가 좋았다. '미생물을 활용해 폐기 폴리에스터 직물 재활용' '폐기물 업사이클링으로 생

H&M은 매년 '글로벌 체인지 어워드'를 통해 패션 업계의 폐쇄순환 구조를 혁신할 아이디어에 상을 주고 있다. 사진은 2016년 글로벌 체인지 어워드 로고와 2016년 수상자들.

산 잔여물을 거래하는 온라인 마켓' '감귤류 주스 생산과정 부산물을 활용한 새로운 직물생산' '재생가능한 직물생산을 위해 조류를 활용하는 수중 직물 재배'처럼 실현만 된다면 환경보호 및 보전에 큰 기여를 할 만한 아이디어였다. 이들에게도 적게는 15만 유로, 많게는 25만 유로의 상금이 주어졌다.

1회성 행사로 끝내기엔 아이디어가 너무 아까웠다. H&M 재단 측은 아이디어를 좀 더 구체화시킬 수 있는 지원 활동을 펼치기로 했다. 2016년 가을에도 제2회 대회를 열었다. '옷 재활용을 가능케 하는 디지털 콘텐츠 단자' '오일 대신 바이오매스biomass와 태양에너지로 만든 탄소 결합 나일론' '와인 생산 폐기물로 만든 식물성 가죽' '새 데님에 색을 입혀주는 중고 데님' '소 분뇨를 생분해성 직물로 바꾸는 아이디어'가 후보로 올랐다. 2017년 4월, '와인 생산 폐기물로 만든 식물성 가죽'이 30만 유로의 상금을 차지했다.

포드 토마토로 만든 자동차

H&M만 해도 리더가 지속가능경영에 대한 확고한 철학을 갖고 있다. 그래서 글로벌 체인지 어워드 같은 대회도 개최한다. 대부분의 기업은 이 수준까지 가려면 아직 갈 길이 멀다. 천연자원으로 만들어진 상품은 소모품처럼 쓰이고 이후엔 쓰레기가 돼 버려진다. 이렇게 발생하는 쓰레기는 처리 비용도 비용이려니와 환경에도 큰 부담을 준다.

2016년 2월 EU 집행위원회는 신 순환경제 전략을 발표했다. 2030년까지 자원 효율성 30% 향상, 생활쓰레기 70% 및 포장 폐기물 80% 재활용, 음식물 쓰레기 절반 감량을 목표로 하고 있다. 그뿐이 아니다. 기존 출시된 제품을 충분히 사용할 수 있음에도 불구하고 신제품을 출시해 싫증을 잘 느끼는 소비자를 공략하려는 경영전략인 의도된 진부화planned obsolescence에 대해서도 제동을 걸겠다는 의지를 불태우고 있다.

자동차 제조업체 르노Renault는 부품 재활용률을 높이기 위해 부분적 리스 방식을 채택했다. 르노는 전기차를 팔 때 주요 부품인 배터리

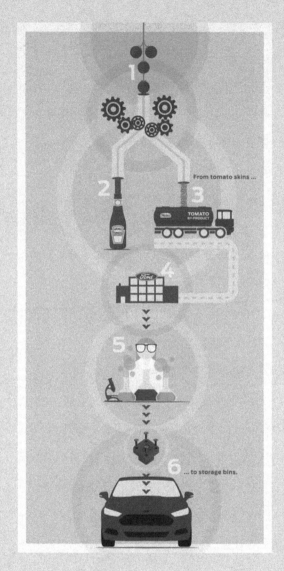

From tomato skins ...

... to storage bins.

포드는 케첩을 만들 때 발생하는 토마토 껍질을 활용해 자동차 부품을 개발하는 연구 프로젝트를 진행 중이다를 팔지 않고 빌려준다. 수명을 다한 배터리는 수거해 재설계하거나 재활용한다. 르노는 배터리 이외에도 버려진 자동차 부품 중 43%를 신차 제조에 재활용하고 있다. 매년 엔진 3만 개와 기어박스 2만 개, 연료 분사장치 1만 6000개가 재사용된다. 이를 통해 르노는 자동차 부품 가격을 30~50% 이상 낮추고 물 사용과 유해 화학물질 및 쓰레기 배출을 80% 이상 절감하고 있다.

르노는 자기 회사뿐 아니라 협력회사의 순환경제도 생각했다. 절삭용액 공급자들의 효율성 개선에 도움이 될 수 있도록 관련 프로세스를 재설계했다. 폐기물 배출량은 90% 줄어들었고, 르노의 절삭용액 관련 총 비용 또한 20% 절감됐다.

자동차업계에서 연료효율을 높이기 위한 노력도 눈물겹다. 연료효율을 높이기 위해선 차량 무게를 줄여야 한다. 자동차에 가능한 한 플라스틱을 많이 사용하려는 이유가 여기 있다.

포드Ford는 한 발 더 나아가 석유에서 추출하고 있는 현재의 플라스틱을 대체할 바이오 플라스틱 개발에 주력하고 있다. 하인즈Heinz와의 협업을 통해 토마토 부산물을 활용, 차량 부품을 개발하는 연구 프로젝트가 대표적 예다. 어떤 스토리인가. 하인즈가 토마토로 케첩을 만들면 토마토 껍질이 남는다. 여기서 섬유를 추출하면 식물성 섬유가 된다. 이 섬유로 동전 홀더나 배선 브래킷 등의 부품을 만든다는 이야기다.

이밖에도 포드는 용설란, 민들레, 뿌리, 콩 등 친환경 소재로 기존의 플라스틱을 대체할 신물질 개발에 힘쓰고 있다.

분석 물은 소가 마시면 우유가 되고 뱀이 마시면 독이 된다

순환경제라는 단어가 낯설 수도 있다. 하지만 우리 일상에서 이미 존재했던 현상이다. 퇴비를 먹고 자란 식물을 초식동물이 먹고, 이것을 육식동물, 그다음엔 사람이 먹는다. 다만 이는 주로 농수산업에 해당하는 일이고 이를 제조업, 서비스업에 적용하자니 어색한 느낌이 드는 것이다.

2015년 세계적 컨설팅 기업 액센추어Accenture는 《쓰레기에서 부를Waste to Wealth》이라는 책을 펴내면서 순환경제의 장점을 극대화시키는 다섯 가지 비즈니스 모델에 대해 설명했다.

하나씩 살펴보도록 하자. 첫째는 '제품의 서비스화'다. 미쉐린Michelin 타이어는 단순히 타이어 제품만 판매하는 데서 그치지 않고 주행거리를 계산해 달린 거리만큼만 고객으로부터 요금을 받는다. 제품의 소유주는 미쉐린이기 때문에 타이어의 재활용, 재사용에 대한 의사결정을 손쉽게 할 수 있다.

둘째는 '소유에서 공유로의 전환'이다. 자가용차의 실제 가동시간은 5%에 불과하다고 한다. 95%는 집이나 회사 주차장에 놓여 있는 셈이다. 이런 낭비를 수익으로 만드는 것이 공유경제다. 자동차라면 우버Uber, 집이라면 에어비엔비Airbnb가 대표적이다. 특히 젊은 층으로 갈수록 본인이 필요한 순간에 사용하면 그것으로 충분하다는 인식이 높아지고 있다. 굳이 소유하고 있을 필요가 없다는 의식이 강하게 퍼져 있다는 점도 향후 공유경제의 앞날을 밝게 보는 이유다.

셋째는 '제품 수명의 연장'이다. 소비자가 더 이상 사용하지 않는 제품을 회수해서 수리, 업그레이드 등의 활동을 통해 새로운 가치를 부가하는 것이다. 델Dell은 소비자가 더 이상 사용하지 않는 제품을 구입한 뒤, 그 중 다른 소비자의 니즈에 부합하는 일부 부품을 재판매하는 비즈니스 모델을 만들었다. 일본 가전양판점인 야마다전기Yamada Denki는 중고가전을 구입해서 수리한 뒤 재판매하는 중고가전사업을 키우고 있다. 필요한 기능만 쓸 수 있으면 저렴한 중고로 충분하다는 소비자의 의식변화가 매출을 견인하고 있다. 중고제품 유통사업은 신제품 유통보다 높은 수익률을 보이고 있다.

넷째는 '회수와 리사이클'이다. 과거에는 사용 후 폐기물로 처리되는 것을, 이제는 제작 초기부터 사용 후 어떻게 다른 용도로 활용할 것인가를 고민하면서 만든다. P&G는 45개의 생산시설에서 쓰레기 배출량을 없애는 데 성공했다. GM은 과거에는 폐기시켜 버리던 자재 품목을 다시 제조공정에 투입할 수 있도록 변환시켰다. 전 세계 100개 공장에서 이러한 활동을 하다 보니 재생자재 판매대금만 수억 달러에 달한다.

다섯째는 '재생형 공급망 구축'이다. 재생가능한 원재료를 사용해 조달 비용을 줄이는 동시에 안정적인 조달을 가능토록 한 것이다. 이케아Ikea는 태양광 패널을 점포에 설치해서 전력비용을 절감하면서 안정적으로 전력을 조달받고 있다. 영국 섬유회사인 타미케어Tamicare는 생분해 가능한 의류를 3D프린터로 생산하고 있다.

동일한 사물도 어떤 눈으로 보는가에 따라 골칫덩이가 되기도 하고 보물단지가 되기도 한다. 쓰레기를 비용이라고 보던 시절에는 처리비용을 줄이기 위해 몰래 버리는 게 다반사였다. 이로 인한 환경오염 관련 사건도 빈번히 발생했다. 오늘날 쓰레기를 새로운 시각으로 보면 부의 원천이 된다. 단선형 경제, 즉 채취-생산-폐기라는 사고를 버리고 채취-생산-재활용이라는 새로운 사고를 장착하면 쓰레기가 자산이 된다. 마치 같은 물이라도 소가 마시면 우유가 되고 뱀이 마시면 독이 되는 것처럼 말이다.

04
진정성으로
승부하다

누군가는 "판매와 마케팅이 다른 건가?" 하며 의아해할 수도 있다. 여러 이론이 있지만 판매는 '고객에게 제품 및 서비스가 건네지는 것'이고 마케팅은 '판매를 돕는 것'이라고 생각하면 구분하기 쉽다.

판매를 고객 관점에서 보면 '돈을 지불하고 제품 및 서비스를 손에 넣는 행위'다. 여러 종류의 제품 중 음식이나 약처럼 먹는 제품에 대해서는 특히 안전성에 민감하다. 4장에서는 외식체인과 위조약 감식기 사례를 통해 안심감을 증대시켜 시장 확대를 꾀한 사례를 살펴본다.

마케팅 분야에선 2010년 필립 코틀러가 주창한 '마케팅 3.0'의 개념을 이해해야 한다. 먼저 1.0, 2.0부터 살펴보자. '마케팅 1.0'은 제품중심의 마케팅, 즉 품질관리에 집중하는 시기를 말한다. 딱히 마케팅이라 표현할 것도 없었다. 만들면 팔리던 시대였다. 그런데 제2차 세계대전이 끝나면서 시장에 물건이 넘치기 시작했다. 물건을 만들어도 잘 팔리지 않았다. 재고가 쌓이기 시작했고, 그제야 기업은 소비자를 바라보기 시작했다. '마케팅 2.0'의 시대가 온 것이다. 이 시기에는 우리가 흔히 알고 있는 마케팅 전략인 STP Segmentation, Targeting, Positioning와 4P가 강력한 도구였다. 즉 세분화하고, 잘게 자른 시장 중 타깃으로 삼는 시장에서 제대로 어필하면서, 제품 Product, 가격 Price, 유통 Place, 촉진 Promotion 전략을 짜는 것이 포인트였다.

'마케팅 3.0'은 인간중심의 마케팅, 즉 고객의 영혼에 호소하는 마케팅이다. 기업이 사회에 어떤 기여를 하고 있는가, 그 기업과 그 기업에서 만든 제품은 어떤 스토리를 갖고 있는가에 사회구성원이 관심을 갖고 있으니, 그에 걸맞게 사람들의 마음과 영혼을 움직이는 마케팅 전략을 짜고 행동하라는 의미다. 이러한 개념을 바탕으로 공익 마케팅, 사회적 대의 마케팅으로 불리는 CRM Cause Related Marketing에 대해 다양한 분석이 나오고 있다. 공익 캠페인을 통해 새로운 시장을 창출하는 모습도 파악하고, 고령층을 대상으로 새로운 서비스를 도입하면서 사회에도 기여하고 수익도 늘리는 방법을 알아보자.

'안심'을
판매합니다

치폴레 진정성을 파는 음식점

미국에 가면 치폴레Chipotle라는 음식점을 만날 수 있다. 멕시코의 대표 음식인 브리토, 타코를 맛볼 수 있는 곳이다. 치폴레라는 상호는 스페인어로 '구워 말린 멕시코 고추'를 의미한다. 멕시칸 음식을 좋아하는 사람은 이 단어를 들으면 침이 절로 고인다고 한다. 마치 우리가 동치미라는 단어에서 '시원함' '무' '겨울' '팥죽'을 연상하는 것처럼 말이다. 치폴레의 2016년 매출액은 39억 달러에 달한다. 맥도널드의 246억 달러에 비하면 아직 규모가 작지만 웰빙 트렌드를 타고 무섭게 성장하고 있다. 치폴레의 성장 배경에는 '진정성 있는 음식'이란 전략이 자리 잡고 있다.

치폴레는 패스트캐주얼fast casual이라는 장르를 개척한 업체로 널리 알려져 있다. 식당은 몇 가지 유형으로 나눌 수 있다. 맥도널드, 롯데리아는 패스트푸드라고 한다. 아웃백 스테이크, TGI프라이데이 같은 패밀리 레스토랑은 캐주얼 레스토랑이라고 한다. 전자는 내가 줄서서 음식을 타가고, 후자는 서빙하는 사람이 내 자리에 와서 주문을 받는다. 그러다 보니 객단가에서 차이가 난다. 전자는 5~6달러, 후자는 15~20달러 선이다(물론 유명 셰프가 요리하는 파인 다이닝fine dining도 있지만 여기서는 논외로 하자).

패스트푸드와 캐주얼 레스토랑의 상식에 반기를 든 청년이 있었다. 스티브 엘스Steve Ells라는 이름의 젊은이는 대학 졸업 후 샌프란시스코의 레스토랑에서 2년 정도 근무했다. 그 과정에서 음식점에 대한 그만의 철학을 정립한다. 패스트푸드라고 해서 품질이 낮을 필요가 없고, 맛있다고 해서 비쌀 필요가 없다는 것이다. 업계의 상식과는 다른 이야기다. 어느 산업이건 새로운 장르는 이러한 식으로 탄생한다. 맛있으면서 저렴하고, 빠르면서 고품질인 음식. 엘스는 자신의 철학을 반영한 식당을 내기로 결심하고 1993년 콜로라도 덴버에 첫 매장을 연다. 이후 그의 식당은 1990년대 미국에서 번창한 패스트캐주얼의 선도자가 된다. 객단가는 8~12달러 정도. 패스트푸드와 캐주얼 레스토랑의 딱 중간이다.

치폴레는 신선하다. 음식이 신선하려면 재료부터 신선해야 한다. 신선한 재료를 제때 원활하게 구입하려면 납품업체를 자주 만나야 한다. 엘스도 그랬다. 그러다가 그는 미국 내에서 소비되는 돼지고기의 97%가 공장식 축산농장factory farm과 같은 끔찍한 환경 속에서 화학사료, 항생제를 먹으며 길러진다는 사실을 알게 되고 충격을 받는다. 1999년의 일이다.

자기 몸만 간신히 들어갈 수 있는 공간에서 사육되는 가축은 엄청난 스트레스를 받는다. 항생제를 주기적으로 투여해 인위적으로 가축의 성장을 촉진시킨다. 모두 정상적인 방법은 아니다. 물론 이유와 명분은 있다. 가축보다 사람이 중요하다. 축산농장을 통하면 고기 가격이 떨어진다. 미국에서는 1960년대 가처분소득의 18%를 음식 값으로 썼는데 이 비중이 2010년에 9%로 떨어진 것도 가격인하 덕분이라는 것이다. 20세기 논리로는 맞는 말이다. 하지만 지속가능성을 중시하는 21세기 논리와는 거리가 있다. 이제는 제대로 된 환경에서 사육되는 가축, 대규모 농장주가 아닌 가족 단위의 시골농부가 생산한 농산물, 환경보전이 훨씬 중요한 가치를 지니는 시대다.

치폴레는 신선도를 뛰어넘어 윤리적인 방식으로 원재료를 구매하기로 했다. 우선 항생제를 먹지 않고 자연 방목으로 자란 동물의 고기만 사용한다는 원칙을 세웠다. 심지어 잠자리도 짚이 높게 쌓인 헛간이어야 함을 강조했다. 그러다 보니 축산농장이 아닌 주변 농가로부터 재료를 공급받아야 했다. 치폴레의 생각에 동의하는 농가를 중심으로 공급망을 새롭게 구성했다. '진정성이 담긴 음식food with integrity'이라는 유명한 미션도 이때 제정됐다.

그러던 2014년말 기존 공급업체 중 치폴레의 규칙을 지키지 않은 농장이 발견됐다. 무관용 원칙no tolerance policy을 따랐다. 문제가 있었음을

치폴레는 무항생제, 지역 농산물, 유전자변형이 없는 식품 등 '진정성 있는 음식'을 강조한다.

① '진정성 있는 음식'에 대한 안내문
② 치폴레의 창업자 스티브 엘스

외부에 알리고, 600개 매장에서 돼지고기 메뉴 판매를 일시 중단했다. 전체 매장의 3분의 1에서 돼지고기 메뉴가 사라졌으니 큰일이었음에 틀림없다. 문제를 외부에 알리지 않고, 자체적으로 해결하는 방법도 있었을 것이다. 그렇지만 치폴레는 그렇게 하지 않았다. 진정성의 핵심은 정직이란 걸 잘 알고 있었기 때문이다. 동물 복지의 개념을 최초로 도입하고 무항생제의 중요성을 소비자에게 각인시킨 치폴레. 이 덕분에 소비자는 항생제에 대한 의구심으로부터 벗어나 편안한 마음으로 음식을 즐길 수 있었다.

스프록실 신기술이 없는 혁신기업

 일반적으로 공급망은 생산업체에 부품을 제공하는 기업과의 관계를
지칭한다. 현대자동차는 2400개의 협력업체와 공존하고 있다. 직접적
으로 연관되는가, 한 다리 건너 연관되는가에 따라 1차 협력업체, 2차
협력업체로 나뉜다. 소비자 입장에서는 좀 더 확대 해석해야 한다. 소
비자의 손에 들어올 때까지를 보자. 예를 들어 농심에서 만든 새우깡을
홈플러스에서 구매했다면 '새우깡 재료공급자 ― 농심(생산자 및 판매
자) ― 홈플러스(유통업자)'까지가 하나의 공급망을 이루는 셈이다. 이런
관점에서 제약산업을 살펴보자.

 2000년대 중반 미얀마에서는 매년 50만~60만 건 정도 말라리아가
발생했다. 다행히 아르테수네이트Artesunate라는 치료제를 투여하면 며
칠 내로 말라리아 증상이 완화된다. 2005년 2월 미얀마의 작은 마을에
서 한 남성이 고열과 메스꺼움, 오한, 두통 등으로 입원했다. 전형적인
말라리아 증상이었고, 즉시 아르테수네이트를 투여했다. 그런데 증상
이 오히려 악화되더니 혼수상태에 빠진 뒤 곧 사망했다.

 병원은 즉각 진상조사에 나섰다. 그 남자에게 투여한 아르테수네이
트에는 말라리아 원충을 죽이는 데 필요한 약품 용량이 20%밖에 들어
있지 않았다는 사실이 밝혀졌다. 가짜 약이었던 것이다. 마을 지도자는
병원에 보관 중이던 아르테수네이트를 전량 회수해 주민들이 보는 앞

에서 불태웠다. 어떤 약이 위조약품인지 알 수 없었기 때문이었다.

위조약 문제는 위의 사건에 국한된 이야기가 아니다. 위조약은 매년 늘어나고 있다. 인터폴은 2005년 의약품 범죄 수사본부를 설치해 '판게아 작전Operation Pangaea'을 시작했다. 이 작전은 위조, 불법 약을 수거하는 프로젝트였다. 2011년에 수거한 양은 240만 정이었다. 2015년에는 2070만 정으로 거의 10배 늘었다. 검거 실력이 10배가 늘어난 것인지, 불법공급량이 10배가 증가한 것인지 판단할 수는 없다. 다만 여전히 위조약이 판치고 있다는 사실만은 분명하다.

위조지폐 감식기가 있다면 위조약 감식기도 가능하지 않을까? 이러한 생각에서 출발한 회사가 스프록실Sproxil이다. 스프록실은 가나, 나이지리아, 인도 등 개도국 소비자에게 위조약품 여부를 알려주는 서비스를 무료로 제공한다.

구조는 간단하다. 구매한 약에 붙어 있는 은박지를 긁는다. 즉석복권을 긁을 때처럼 일련번호가 등장한다. 그 숫자를 지정된 번호로 문자메시지로 보낸다. 그리고 나면 'Ok' 또는 'Fake'라는 문자와 함께 약품과 제약회사에 관한 정보가 추가로 송부된다. 굳이 스마트폰을 사용할 필요도 없다. 아직 개도국에서는 피처폰이 대다수를 점하고 있다. 일주일에 7일, 하루 24시간 콜 센터가 응답한다는 점도 매력적이다.

사업 아이디어는 창업자인 아시피 고고Ashifi Gogo의 머리에서 나왔다.

새로운 기술을 개발한 것도 아니다. 기존 기술을 잘 조합해서 휴대폰으로 약품의 진위를 구분하는 솔루션을 개발했다. 〈패스트컴퍼니〉는 스프록실을 2013년 가장 혁신적인 기업 7위에 올렸다.

모든 혁신적인 서비스가 그렇듯이, 이 모델도 초창기에는 저항이 있었다. 개도국 정부 입장에서 특정 개인에게 사업을 내주지 않으려고 했다. 제약회사도 번거롭다고 생각했다. 자신들의 약에 대해 스프록실이 인식할 수 있도록 코드를 부착하는 공정이 추가되기 때문이다.

다행히 나이지리아 정부는 위조약품에 대한 피해를 제대로 인식하고 있어서 스프록실에 허가를 내줬다. 의약업체 GSK GlaxoSmithKline (글락소스미스클라인)가 스프록실과 함께 예비 실험을 실시했다. 그러다가 GSK는 놀란 만한 사실을 발견한다. 스프록실의 서비스를 부착한 상품의 매출이 두 배로 증가한 것이다. 아픈 사람이 갑자기 두 배로 늘리는 없다. 그만큼 가짜 약들이 판치고 있었고, 소비자들은 코드로 진품 여부를 확인할 수 있는 제품을 선호했던 것이다.

가령 두통약을 생각해보자. 시중에는 다양한 브랜드의 두통약이 판매된다. 이 중 어떤 약품에 진품을 증명하는 코드가 부착돼 있고, 다른 약품은 그렇지 않다면 여러분은 어떤 제품을 구매하겠는가. 당연히 전자를 선택할 것이다. GSK의 매출이 갑자기 두 배로 늘어난 것도 같은 이치다. 이후 스프록실은 존슨앤존슨 Johnson&Johnson, 화이자 Pfizer 등 대

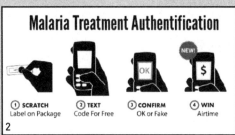

스프록실은 휴대폰 문자 메시지와 즉석복권의 아이디어를 결합해 위조약을 걸러내는 서비스를 제공하고 있다.

① 스프록실 태그를 부착한 의약품과 정품 인증 메시지
② 휴대폰 문자를 이용한 검증 방법 안내문

형 제약사를 파트너로 추가 영입하면서 혁신기업으로 부상하게 된다. 참여하는 기업이 늘어나면서 빅데이터를 활용한 비즈니스 모델을 장착했다. 어느 지역에서 어느 제품이 얼마만큼 팔리는지 실시간 정보를 얻는다. 이 자체가 기업에겐 소중한 정보다. 다른 기업의 유사제품 판매량과 비교하는 교차분석도 가능하다.

소비자에게는 안심감을 제공하고, 제약회사에는 위조약품이 줄어든 만큼 매출액 증대를 선물한다. 스프록실은 특별히 큰돈을 들이지도, 새로운 기술을 개발하지도 않았다. 사회적 필요를 민감하게 포착해 사용 가능한 기술을 활용했을 뿐이다. 그러나 결과는 가히 혁신적 기업이라 부를 만한 변화를 가져왔다.

분석 핵심은 기술이 아니라 진정성이다

음식이나 약처럼 체내에 흡수되는 것이야말로 안심하고 먹을 수 있어야 한다. 불량식품, 가짜 약은 우리 건강에 치명적인 해를 끼친다. 그래서 유통망 관리를 통해 소비자를 안심시켜주는 기업은 고마운 기업이다. 이런 사례는 음식이나 의약품 산업에만 머무르지 않는다.

현대자동차도 미국에서 안심감을 활용한 마케팅 전략을 실행해 성공한 적이 있다. 2008년 글로벌 금융위기의 여파로 미국 자동차 시장은 극도로 위축됐다. 현대자동차도 당연히 매출이 줄었다. 소비자들이 구매를 꺼리는 이유가 무엇인지 대대적인 조사를 실시했다. 흥미로운 사실이 발견됐다. 실직에 대한 막연한 두려움이 자동차 구매를 망설이게 만드는 결정적 이유였던 것이다.

현대자동차 내부에서 활발한 토의가 있었다. 정말 어느 정도나 실직할까? 실직 후 차량을 반납하기만 하면 더 이상 할부금에 대해서는 아무 문제가 없도록 하면 어떨까? 논의 끝에 '차량 구매 후 1년 내에 실직할 경우, 자동차만 반납하면 남은 할부금에 대해서 왈가왈부 하지 않는' 판매 프로그램을 만들었다. 기존의 자동차라는 제품에 '실직에 대한 안심'을 묶은 새로운 상품, 착한 상품을 만든 것이다.

그러고는 이러한 내용을 담은 광고를 만들어 슈퍼볼처럼 미국인들이 TV 앞에 모여 앉는 시간대에 집중적으로 방영했다. 1999년 10년간 10만 마일 보증제도를 실시해 미국 소비자의 사랑을 받았던 현대자동차는 획기적인 아이디어를 제시해서 10년 만에 또 한 번 긍정적인 분위기를 조성하는 데 성공했다. 다행스럽게도 자동차를 구입한 고객 중 1년 안에 실직한 사람은 채 100명이 안됐다고 한다.

안심감은 인간의 기본 욕구다. 매슬로Maslow의 욕구 5단계설에서도 생리적 욕구가 충족되면 바로 찾아오는 것이 안전에 대한 욕구다. 원재료 구매에서 출발, 소비자의 손에 제품이 건네질 때까지 여러 단계를 거친다. 소비자가 안심감을 느낄 수 있도록 전체 시스템을 구축하는 것 또한 사회에 기여하는 좋은 방법이다.

팔지 마라, 참여시켜라

아멕스 미국을 감동시킨 자유의 여신상 복원 프로젝트

우리는 살아가면서 수많은 상품과 서비스를 구매한다. 지하철을 타

고, 자판기에서 커피를 뽑아 마시고, 점심을 사먹는다. 주말에는 서점에서 책을 구입하기도 하고 극장에서 영화를 보기도 한다. 이러한 소비는 나의 필요에 의해 이뤄진다.

그러나 때로는 노숙인이 판매하는 〈빅이슈〉를 구매할 때도 있다. 이때는 나의 필요보다는 노숙인을 돕겠다는 선한 마음이 앞선다. 우리 사회가 아직은 따뜻하다는 믿음과 함께 평소의 소비와는 다른 한 차원 높은 뿌듯함을 경험한다. 이 뿌듯함을 대의명분이라고 한다. 불우한 이웃을 돕거나, 환경보호를 실천할 때 느끼는 것과 비슷한 감정이다.

기업 입장에선 이 뿌듯함을 어떻게 해석할 수 있을까? 기업이 생명력을 지속하려면 고객이 제품과 서비스를 구매해야 한다. 고객이 구매할 때, 마치 〈빅이슈〉를 구매하고 환경보호 활동을 할 때처럼 뿌듯함을 느끼게 할 수는 없을까? 이러한 논의가 30여 년 전 아메리칸익스프레스American Express(이하 아멕스)에서 시작됐다.

아멕스는 어떤 회사인가. 출발은 화물운송업이었다. 웰스파고WellsFargo 은행을 세운 헨리 웰스Henry Wells, 윌리엄 파고William George Fargo와 또 한 명이 1850년 아멕스를 설립했다. 초기에는 뉴욕 시와 버펄로, 중서부 도시 간 현금과 환어음을 보내는 일을 주로 했다. 이후 금융업 및 여행업으로 영역을 확장했다. 신용카드 사업에는 1958년에 아멕스 카드를 발매하면서 뛰어들었다.

아메리칸익스프레스가 1983년 펼친 자유의 여신상 복원 캠페인 광고.

1983년 아멕스 카드는 미국을 대표하는 신용카드로서 입지를 굳히기 위해 파리의 에펠탑, 이탈리아의 콜로세움처럼 미국의 상징물과 연계된 마케팅을 기획했다. 눈에 띄는 것이 자유의 여신상이었다. 자유의 여신상은 1884년에 세워졌으니 1983년은 거의 100년이 다 된 시점이었다. 이렇게 탄생한 마케팅이 '100년 만에 자유의 여신상 복원공사를 한다!'였다.

아멕스는 자유의 여신상 복원에 필요한 금액을 전액 지원하는 방법부터 검토했다. 그러다 단순히 돈만 지원하는 수준을 넘어서 소비자를 참여시킬 수 있는 방법은 없을지 고민에 고민을 거듭했다. 새로운 아이디어가 떠올랐다. 캠페인 기간 중 카드 소지자가 카드를 사용할 때마다 1센트를, 신규 가입할 때마다 1달러를 복원 기금으로 적립하는 아이디어였다.

지금 보면 너무나 흔한 캠페인이지만 최초의 발상은 대단한 것이다. 콜럼버스의 달걀처럼 말이다. 뉴욕 시민뿐 아니라 전 미국인이 아멕스에 환호했다. 자유의 여신상은 뉴욕을 넘어 미국을 대표하는 아이콘이기 때문이다. 캠페인 기간 중 170만 달러가 모였고 카드 사용액은 27% 증가했다. '소비자consumer → 대의cause → 기업company' 모두에게 기분 좋은 결과를 가져왔다. 소비자는 자기의 힘으로 자유의 여신상이 보수된다는 당당함을, 기업은 자사 제품의 소비가 늘어나는 만큼 사회적으로 좋은 일을 한다는 떳떳함을 얻었다. 세계 최초의 대의 마케팅 사례로 자리 잡았음은 물론이다.

타깃 우리 학교를 위해 타깃에서 물건을 사주세요

어린 시절 자주 들어 귀에 익숙한 CM송 중에 영창피아노 CM송이 있다. "맑은 소리, 고운 소리, 영창 피아노, 영창" 하는 CM송인데 지금도 흥얼거릴 수 있을 만큼 중독성이 강하다. 우리나라 피아노 기업 중에는 영창피아노 외에 삼익피아노도 유명했다. 피아노 소리를 구별할 능력은 없지만 CM송 덕분에 막연히 영창피아노가 더 맑고 고운 소리를 내리라고 생각했다. 삼익피아노 입장에서는 억울할 수도 있다. 이만큼 광고의 영향력은 대단하다.

어디 영창피아노뿐일까? '고향의 맛' 하면 탤런트 김혜자 씨의 친근한 얼굴과 함께 '다시다'라는 브랜드가 떠오른다. '우리의 날개'라는 단어를 들으면 특정 항공사를 기억하는 사람들이 아직도 많다. 이 모두가 브랜드의 힘이다.

브랜드 파워는 사회공헌 분야에도 존재한다. 1984년에 시작된 유한킴벌리의 '우리 강산 푸르게 푸르게' 캠페인은 30년 이상 일관된 메시지를 전달하는, 한국에서 가장 성공적인 사회공헌 캠페인 중 하나로 자리잡았다. 외국에도 특정 분야 하면 어느 회사의 이름이 떠오르는 성공

사례가 있다. 대표적인 회사가 타깃Target이다. 상당수의 미국인들은 '초등학교 교육 기부'라는 단어에서 타깃을 떠올린다.

타깃은 어떤 회사인가. 1902년에 미니애폴리스에서 출발한 할인점이다. 경영학 사례 연구를 보면 월마트Walmart, K마트Kmart, 타깃의 3파전 이야기가 많이 나온다. 월마트와 경쟁했던 K마트는 몰락했고 독자적인 길을 걸었던 타깃은 차별화에 성공해서 살아남았다는 게 핵심 줄거리다.

어떻게 차별화했을까? 월마트는 'EDLP', 즉 '매일매일 최저가Everyday Low Price'를 강조했다. 가격에 관한 한 따라올 자가 없도록 만들겠다는 전략이다. 반면 타깃은 '기대는 조금 많이, 지불은 조금 낮게Expect More Pay Less'라는 자세를 취했다. 같은 할인점 계열이어도 조금은 다른 제품을 팔고 있다는 느낌을 주도록 만들었다. 예를 들어 미국 건축계의 거장인 마이클 그레이브스Michael Graves가 디자인한 주전자, 토스터기 등 40여 제품 등을 판매했다. '대형 마트에서 저렴한 가격에 명품을 구매할 수 있다'는 메시지를 전달해 소비자들을 타깃으로 불러들일 수 있었다. 캘빈클라인Calvin Klein 수석 디자이너 출신인 아이작 미즈라히Isaac Mizrahi가 디자인한 20~50달러의 저렴한 의류도 큰 환영을 받았다.

본론으로 들어가보자. 타깃은 어떻게 '초등학교 교육 기부'를 자기의 것으로 만들 수 있었을까?

여러 사회공헌 분야 중 타깃이 초등학교 교육 분야에 주력하기로 한 데에는 크게 세 가지 이유가 있다.

첫째, 어떤 사회공헌을 하면 좋을지 선정하는 단계에서부터 고객을 참여시켰다. 조사결과 교육 분야에 집중해주길 바란다는 고객의 여론에 따라 사회공헌을 진행했다. 둘째, 학생들이 고교 교육과정을 무사히 끝마치는 데 가장 큰 영향력을 미치는 것이 무엇인가 살펴봤다. 초등학교 3학년까지 읽기를 제대로 배우지 못하면 그렇지 않은 아동에 비해 고교 중퇴 확률이 4배가 높다는 사실을 발견했다. 셋째, 타깃은 어린이들이 자신의 잠재력을 충분히 활용할 수 있는 교육을 받아야 한다고 믿었다. 따라서 초등학교 교육이야말로 타깃의 신념을 구체화할 수 있는 사회공헌 분야라고 생각했다. 더욱이 당시 초등교육 부분에 주력해 사회공헌 활동을 펼치는 기업은 없었다.

사전 준비 끝에 타깃은 1997년 '교육을 책임지겠습니다Take Charge of Education'라는 사회공헌 프로그램을 시작한다. 프로그램 이름에서부터 교육에 대한 헌신 의지가 엿보인다. 그들의 사회공헌 구조를 살펴보자.

타깃의 프로그램에 참가를 원하는 고객은 별도의 '타깃 레드카드'를 만든다. 타깃 매장에서 이 카드를 사용하면 온라인이건 오프라인이건 구매한 금액의 1%가 기금으로 적립된다. 적립된 돈은 1년에 한 번씩 본인이 지정한 초등학교에 기부된다. 초등학교는 어느 학교든 상

타깃은 구매 금액의 1%를 고객이 지정한 학교에 지원하는 프로그램을 운영해 큰 호응을 받았다.

① 타깃의 슬로건 '기대는 조금 많이, 지불은 조금 낮게'
② 1997년 시작한 프로그램 '교육을 책임지겠습니다' 캠페인 안내문

관없다. 본인의 모교여도 좋고 자녀가 재학 중인 학교여도 상관없다. 여기서 핵심은 이익의 1%가 아니고 구매금액의 1%가 기부된다는 사실이다. 10만 원어치 물건을 구매하면 내가 지정한 학교에 1000원이 기부되는 구조다.

대부분의 기업에선 이익의 1%를 사회공헌 비용으로 사용한다. 이익

의 1%를 매출의 1%로 바꾸면 어떤 일이 발생할까? 제조업체에서는 종업원들의 반발이 커진다. 매출 이익률이 10%인 업종에 종사하고 있다고 가정해보자. 매출의 1%면 이익의 10%다. 이 정도 비율이면 사회공헌보다는 인건비를 올려달라는 종업원의 목소리가 높아지기 마련이다 (실제 국내 모 기업에서 그런 내부 반발이 있었다).

그런데 타깃에서는 어떻게 내부 반발 없이 매출의 1%를 기부하는 일이 가능했을까? 유통업의 속성을 따져보면 수긍이 간다. 백화점카드를 사용하면 매장에서 5% 정도 더 할인받는 경우를 떠올려보라. 이것과 비교하면 업계 속성상 1%는 부담스럽지 않은 수치였다.

타깃의 사회공헌 모델에서는 나의 기부금이 어디에 쓰이는지 명확하다. 좋은 일에 동참하겠다는 의지가 있는 고객이라면 월마트에 가는 횟수를 줄이고 타깃을 방문하려 할 것이다. 타깃의 매출액이 그만큼 올라감은 물론이다. 1997년에 시작한 이 프로그램을 통해 타깃은 2015년까지 4억 3200만 달러가 넘는 돈을 8만여 초등학교에 분배했다.

사회공헌을 해본 기업이 흔히 부딪히는 딜레마가 있다. 어떤 사회공헌을 하고 있는지 지역사회와 언론에 널리 알리고 싶지만, 자사 활동을 드러내놓고 홍보하면 진정성이 훼손될 위험에 처하기 쉽다. "왼손이 하는 일을 오른손이 모르게 하되, 다 알게 하라"는 말처럼 사회공헌 활동에 대한 홍보는 정말 어렵다. 그래서 많은 기업들이 사회공헌을 할 때 파트너로서 비영리기관과 종종 함께한다. 일반적으로는 비영리기관이 알게 모르게 홍보를 해준다.

타깃도 비영리기관과 손을 잡았을까? 그렇지 않다. 그렇다면 홍보는 어떻게 했을까? 기부를 받는 초등학교에서 알아서 해준다. 이 프로그램이 시작되자 초등학교들은 적극적인 관심을 보였다. 학부모들이 가세하기도 했다. 어느 학교는 현재까지 전달받은 기부액이 담긴 이메일을 학부모에게 보내 프로그램 가입을 권유하기도 했다. 해당 웹사이트에 링크하든지 무료 전화를 이용해 프로그램에 가입하길 부탁했다. 자녀가 다니는 학교를 수혜대상으로 지명해달라고도 권유했다. 학부모 입장에서는 추가로 자기 돈을 내는 게 아니기 때문에 학교에서 요청이 들어오면 굳이 안 할 이유가 없다. 당연히 타깃 레드카드 발급자가 늘어났고 타깃의 매출액도 함께 증가했다. 2000년에 타깃은 학교 교육 발전의 공로를 인정받아 미국국립학부모교사협회The National Parent Teacher Association, NPTA로부터 상을 받기도 했다.

타깃은 2003년에 '매칭 펀드' 개념을 도입했다. 예를 들어 1000달러가 보스턴 초등학교에 기부됐다고 하자. 그 돈으로 학생 급식을 늘리든, 기자재를 사든 그건 학교 마음이다. 대신 타깃은 새로운 제안을 했다. 특정 교육 자재 공급업체로부터 교육 자재를 구매하면, 그 금액만큼 매칭 펀드로 지불해주겠다는 것이다. 즉, 1000달러 중 500달러를 타깃이 지정한 곳으로부터 구매하면 타깃이 추가로 500달러를 보스턴 초등학교에 주는 모델이다. 학교 입장에서는 특별히 거절할 이유가 없었다. 타깃은 이렇게 새로운 아이디어를 통해 사회공헌 활동을 강화시켜 나갔다.

타깃은 초등학교 교육 기부라는 카테고리 내에서 몇 가지 새로운 사회공헌 아이템을 추가로 장착했다. 2007년부터는 학교 도서관을 개보수하는 프로그램을 선보였다. 미국마음재단Heart of America Foundation과 타깃에 근무하는 자원봉사자들이 함께하는 활동이다. 도서관 한 곳을 멋지게 꾸미는 데 우리 돈으로 평균 2억 원 정도가 소요되는데 이런 혜택을 받은 학교는 2015년에 200개교를 넘어섰다.

도서관이 하드웨어라면 독서는 소프트웨어다. 독서의 날이 포함된 3월 첫째 주는 미국에서 독서 캠페인이 가장 활발한 시기다. 타깃은 2011년 3월 뉴욕공립도서관 앞에 높이 8m의 조형물을 만들어 눈길을 끌었다. 미국의 유명 동화작가인 닥터 수스Dr. Seuss의 책 2만 5000권으로 만들어진 조형물로 독서의 중요성을 강조하면서도 대중의 눈길을 끄는 강력한 이벤트를 벌인 것이다. 같은 시기에 전국 타깃 매장에서 '닥터 수스 스토리 타임'이라는 행사를 개최했다. 학부모와 아동을 초청해 타깃 직원들이 책을 읽어주고 작은 선물도 나눠줬다. 고객의 머릿속에는 초등학생 교육을 위한 타깃의 노력이 더욱 깊이 각인된다. 호감도가 올라갔음은 물론이다.

이노센트 겨울에 더 잘 팔리는 스무디

이번에는 영국으로 건너가보자. 세 명의 친한 친구가 있었다. 대학에서 처음 만나 언젠가는 사업을 함께하리라는 꿈을 나눴지만 학교를 졸업한 후 각자의 길을 갔다. 현실의 삶은 고달팠다. 늘 일에 치여 살았고 여행을 간 게 언제인지 기억도 나지 않을 정도였다. 하루하루 바쁜 일상을 보내던 어느 날, 세 친구들은 오랜만의 휴일을 맞아 대학 때처럼 함께 스노보드를 타러 갔다. 그리고 사업을 하자고 계속 말만 하기보다 일단 저질러보자고 의기투합했다.

비즈니스 아이템은 과일 외에는 첨가물을 넣지 않은 스무디로 정했다. 1998년 여름, 세 친구는 시행착오 끝에 그들만의 첫 스무디를 개발했다. 이들은 런던의 작은 음악축제가 열리는 곳에 500파운드어치의 과일을 싸들고 가 가판대를 세우고 스무디를 팔기 시작했다. 특이한 건 홍보전략이다. 가판대 위에 "저희가 다니던 직장을 내팽개치고 스무디 장사를 해도 될 것 같습니까?"라는 현수막을 내걸었다. 한쪽 쓰레기통엔 'Yes', 다른 쪽 쓰레기통엔 'No'라고 큼지막이 써놓고는 스무디를 구매한 고객들이 음료를 다 마신 후 원하는 쓰레기통에 빈 병을 버리도록 했다. 축제 마지막 날 'Yes' 쪽 쓰레기통이 꽉 찼다.

세 친구들은 그 즉시 사표를 냈다. 제품명에 대해 고민했다. '순수한' '결백한'을 의미하는 '이노센트Innocent'라는 단어를 회사와 제품 이름으로 쓰기로 했다. 천연 과일 스무디를 개발하면서 사람들이 건강히 오래 살 수 있도록 내추럴하고, 맛있고, 건강한 먹거리를 만들겠다는 다짐이었다.

영국의 스무디 브랜드 이노센트는 이렇게 탄생했다. 이런 곳에서 만든 스무디라면 한번 마시고 싶다는 생각이 든다. 촌스럽게, 노골적으로 제품을 알리는 대신 세련된 '스토리텔링' 기법으로 소비자의 감성을 자극하고 있는 덕택이다.

스토리텔링을 하려면 말하는 사람, 듣는 사람, 그리고 전달 매체가 있어야 한다. 자본이 풍부하다면 TV 광고나 신문 전면 광고를 활용하면 된다. 신생 기업은 그럴 만한 금전적 여유가 없다. 이럴 때 구사할 수 있는 방법이 제품 그 자체를 고객과 대화하는 통로로 만드는 것이다.

사과, 바나나가 함유된 음료가 있다고 치자. 성분 표시를 어떻게 할까? '사과 함유량 몇 %, 바나나 약간'이라고 표시하는 것이 일반적 관행이다. 그러나 이노센트의 감각은 남달랐다. '사과 3개 반, 바나나 반 개.' 바로 이해할 수 있다. 유통기간도 '며칠까지 사용하세요use'가 아니라 '며칠까지 즐기세요enjoy'라고 표현한다. 어떤 유리병 라벨에는 글이 거꾸로 쓰여 있다. 뒤집어서 읽다 보니 '잘 흔들어서 마시라'는 내용이다. '피식' 하고 입가에서 웃음이 새어나온다. 고객의 마음을 참 잘 읽는 회사임에 틀림없다.

그뿐 아니다. 제품의 모든 공간을 대화의 장으로 활용했다. 이노센트의 제품 구성을 보면 병 음료도 있고, 딱딱한 종이로 만든 카톤팩carton pack 형태도 있다. 음료수의 팩 바닥 면을 보는 소비자는 그리 많지 않을 것이다. 하지만 이노센트는 바닥까지 신경 쓴 흔적이 역력하다. 혹시나 음료 용기를 요리조리 뒤집어보는 소비자들을 위해 팩 바닥면에 '밑바닥 좀 그만 쳐다보세요Stop looking at the bottom'라는 문구를 써놓았다.

영국에서만 유명했던 스무디 음료를 전 세계에 알린 것은 또 다른 강력한 스토리텔링 덕분이다. 이노센트가 2003년부터 지금까지 지속해오고 있는 '빅 니트The Big Knit' 캠페인은 공익 마케팅의 새로운 장을 연 것으로 평가받는다.

이 캠페인은 '추운 스무디에게 따뜻한 모자를 씌워주세요'라는 아이디어에서 출발했다. 음료 병에 씌울 모자를 짠다. 그 모자를 이노센트 또는 관련 기관에 보낸다. 이노센트는 제품에 모자를 씌운 뒤 유통시킨다. 소비자는 매대에서 제품을 구입한다. 보통 2파운드(약 4000원) 정도하는 이 음료를 한 병 사면 그 중 25펜스(약 500원) 정도가 자선단체로 전해진다. 기부금은 노인들을 위해 쓰인다.

하나하나 살펴보자.

우선, 털모자를 만드는 주체다. 캠페인을 시작할 때는 자선단체의 도움을 받는 노인들이 뜨개질을 했다. 공짜로 도움을 받기보다는 무언가를 하는 대가로 도움을 받는 편이 노인들에게 더 의미 있는 일이라 생각했기 때문이다. 하지만 군이 노인들만 뜨개질을 할 필요는 없었다. 캠페인의 취지에 동조하는 사람은 누구나 털모자를 떠서 자선단체나 이노센트로 보내면 된다. 도움을 받는 사람도, 도움을 주고 싶어하는 사람도 참여가 가능한 대의 마케팅 모델이다. 뜨개질을 할 줄 모르더라도 걱정할 필요가 없다. 홈페이지에 가면 각양각색의 모자 만드는 방법을 알려주는 지침서를 파일 형태로 내려받을 수 있다.

다음은 털모자 모양이다. 여기서 엄청난 창의력이 발휘된다. 미니 마우스, 갈매기, 심지어 세계적인 육상 단거리 선수인 우사인 볼트 모습의 모자도 있다. 이 모자들만 봐도 기분이 좋아진다. 좋아진 기분은 고스란히 이노센트에 대한 호감으로 이어진다.

캠페인의 시기는 겨울철이다. 불우이웃 돕기가 가장 활발한 계절이 겨울이고, 음료가 가장 안 팔리는 계절도 겨울이다. 빨간 옷에 흰 수염을 트레이드 마크로 삼는 오늘날 산타클로스의 모습이 탄생한 것도 겨울철 음료 시장의 불황을 타개하려는 코카콜라의 마케팅 전략이었다는 이야기가 있을 정도로 모든 음료의 겨울철 매출은 낮다. 이 시기에 캠페인을 실시해 매출을 끌어올리는 것도 좋은 발상이다. 실제로 이노

이노센트는 스무디의 비수기인 겨울철에 개성이 담긴 털모자를 씌운 제품을 출시해 소비자의 사랑을 받고 있다. 판매된 제품의 수익은 공익 목적으로 사용된다.

① 음료수병에 씌울 털모자를 만들고 있는 자원봉사자들
② 털모자를 씌운 이노센트 제품

센트는 빅 니트 캠페인을 매년 겨울 특정 시기에만 실시한다. 이는 곧 털모자가 씌워진 스무디는 사시사철 볼 수 있는 게 아니라는 뜻이다. 한정판limited edition으로 만드는 것은 훌륭한 마케팅 전략이다.

　털모자 가격은 어떨까? 한정판이라고 더 비쌀까? 그렇지 않다. 모자를 쓰고 있다고 해서 음료를 더 비싸게 팔지 않는다. 구매자 입장에선 같은 가격에 귀여운 모자를 얻을 수 있고, 게다가 도움이 필요한 사람에게 온정의 손길을 줄 수도 있다.

돕는 대상이 노인들이라는 점 역시 주목할 만하다. 일반적으로 기업의 사회공헌은 노인보다는 어린이를 대상으로 하는 경우가 많다. 노인에 대한 복지 지원은 정부가 알아서 할 만큼 한다는 인식이 강하다. 투표권을 갖고 있기 때문이라고 한다. 꼭 그렇지는 않겠지만 선거를 생각해보면 어느 정도 맞는 말인 것 같다. 기업 입장에서는 투표권이 의미가 없다. 게다가 어린이는 미래의 소비자다. 그런데도 이노센트는 어린이를 타깃으로 하지 않았다. 그들이 생각하기에 도움이 필요하다고 판단되는 계층을 대상으로 선정했다. 스토리텔링은 "매년 겨울철에 2만 4000명의 노인이 추위로 인해 사망합니다"로 시작된다. 진정성이 느껴진다. 2003년부터 2016년까지 600만 개의 모자가 만들어졌다(2017년 시즌에는 200만 개 생산을 목표로 하고 있다).

겨울철에 영국 슈퍼마켓에 가면 매장에 진열돼 있는 털모자를 쓴 이노센트 스무디를 발견할 수 있다. 그 모습이 얼마나 앙증맞은지 보는 순간 꼭 하나 사야겠다는 마음이 생긴다. 이처럼 작은 아이디어 하나로도 얼마든지 사람을 행복하게 만들어줄 수 있다. 심지어 이노센트라는 이름을 들으면 편안하고 행복한 기분마저 든다. 이런 회사가 정말 대단한 회사 아닐까?

슈퍼잼 영국이 사랑하는 16세 소년의 잼 이야기

이노센트의 색다른 사회공헌 모델은 얼마든지 벤치마킹이 가능하다. 실제로 이노센트 모델을 자기 제품으로 해석한 사례가 있다.

영국에 프레이저 도허티Fraser Doherty라는 어린 학생이 있었다. 그 학생의 할머니가 잼을 참 잘 만드셨다. 맛을 본 동네 사람들은 누구나 그 잼을 좋아했다. 맛의 비법이 궁금했던 도허티는 할머니를 졸랐다. 할머니는 소년을 불러 2파운드를 주고는 오렌지 몇 개와 설탕 한 봉지를 사 오게 했다. 할머니의 레시피로 만든 잼을 들고 동네 한 바퀴를 도니 4파운드가 생겼다. 할머니로부터 제조 비법을 배운 도허티는 할머니의 잼과 똑같이 만들어 동네에 팔았다. 브랜드는 '슈퍼맨'에서 착안한 슈퍼잼Superjam이라고 붙였다. 다들 좋아했다. 그렇게 하기를 2년, 손님들이 점점 늘었다. 소년은 과감하게 학교를 그만두기로 결심한다. 그러고는 잼 사업에 몰두하기 시작했다.

열여섯 살의 사업가는 잼 시장이 정체기에 들어서 있고, 이를 극복하기 위해서는 건강에 안 좋다는 설탕을 제거할 필요가 있다고 판단한다. 처음에는 꿀을 넣었다. 하지만 제품 단가가 높아졌다. 수백 번의 시행착오를 거듭한 끝에 과일과 과일주스로만 잼을 만드는 데 성공한다. 잼의 사전적 정의를 살펴보자. '과일과 다량의 설탕을 넣고 졸여서 만드는 저장식품'이다. 그렇다. 설탕이 들어 있어야 한다. 하지만 슈퍼잼에는 설탕이 없다. 단맛은 천연 포도즙, 레몬즙을 사용해서 만든다. 그래서 슈퍼잼은 '기타 잼류'로 분류된다.

개가 사람을 무는 것은 기삿감이 아니지만 사람이 개를 물면 기삿감이라는 오래된 명언이 있다. 학생이 공부를 접고 사업을 한다는 건 기삿감이다. 좀 더 파보니 할머니로부터 정말 맛있는 잼 레시피를 받았단다. 한 꺼풀 더 벗겨보니 몸에 좋은 무설탕으로 만든단다. 화젯거리가 안 되려야 안 될 수 없다. 영국 총리가 이 이야기를 듣고 총리관저로 도허티를 초청해 함께 저녁식사를 했다. 스코틀랜드의 대표 브랜드로도 선정돼 스코틀랜드 국립박물관에 상품이 전시됐다. 러시아 교과서에도 실리고 중국 뉴스에도 나왔다. 한국에도 일찌감치 소개됐다.

특히 노인들과 함께하는 슈퍼잼의 티파티는 유명하다. 도허티가 노인문제에 관심을 갖게 된 까닭은 그의 정신적 지주이자 레시피 제공자인 할머니 덕분이다.

할머니는 도허티에게 외로운 노인을 찾아가보길 권유했다. 영국에서는 100만 명이 넘는 노인들이 혼자서 크리스마스를 보낸다고 한다. 도허티는 2007년 4월 외로운 노인을 위한 이벤트를 열기로 결심하고 동네 주민센터에서 티파티를 개최했다. 음악과 춤, 따뜻한 차가 있는 낭만의 장을 마련한 것이다. 스콘(스코틀랜드 스타일의 작은 빵)과 슈퍼잼을 제공했음은 물론이다. 많은 노인들이 감격해했고 고마워했다. 이 모습을 지켜본 도허티는 이 행사의 필요성을 절감했다. 1년 뒤 영국 전역에서 총 100여 차례 행사를 진행했다. 참석자는 많게는 500명에 이를 때도 있었다.

도허티는 사업을 배우는 과정에서 같은 영국 브랜드인 이노센트로부터 많은 가르침을 받았다. 특히 이노센트의 대의 마케팅 모델인 '빅 니트' 캠페인에서 사회공헌 관련 아이디어를 많이 얻었다고 한다. 티파티 소요 용품 중 하나가 찻주전자에 씌우는 보온용 덮개다. 티파티가 시작된 후 한두 명이 덮개를 사용했다.

덮개를 본 도허티는 '빅 니트' 캠페인에 착안해 매주 인터넷상에서 '예쁜 덮개' 콘테스트를 열었다. 우승자에게는 잼 몇 병을 주는, 아주 소소한 행사였다. 하지만 이렇게 소소한 재미들이 오히려 사람들의 관심을 끌었다. 덮개 모양은 점점 정교하고 창의적으로 발전해나갔다. 사람, 동물, 과일 등 다양한 모습이 등장했다. 마치 빅 니트의 모자가 우사인 볼트, 배트맨 등의 캐릭터 모양을 하고 있는 것처럼 말이다. 할머니들이 많이 참석하다 보니 뜨개질도 주요 이벤트로 자리 잡았다. 니트 담요 100여 장을 만들어 인도의 장애 고아들에게 보내기도 했다. 티파티에서 즐거운 티타임도 즐기고, 덮개 콘테스트로 재미도 느끼고, 작은 봉사활동을 통해 남을 돕는 기쁨도 얻는다.

이런 좋은 행사가 알려지면서 슈퍼잼 회사 차원에서 주관하는 정규 행사 외에 소비자들이 자발적으로 행사를 개최하려는 움직임이 나타났다. 슈퍼잼은 이들을 위해 행사준비 지원금 명목으로 이벤트당 100파운드를 지원한다. 자발적으로 티파티를 개최한 이들은 인터넷에 행사 동영상을 올리고, 슈퍼잼 페이스북에 사진을 올린다. 이를 본 다른 사람들도 행사 개최에 대해 슈퍼잼에 문의한다.

바로 이것이 제대로 사회를 바꾸는 방법이다. 사회적 혁신이 일어나기 위해서는 누군가가 기폭제 역할을 해야 한다. 모든 사회공헌을 나 혼자 다 할 수는 없다. 나를 따라하는 이들이 자발적으로 탄생하도록 만드는 게 관건이다. 티파티 행사를 통해 슈퍼잼이 그렇게 했다. 슈퍼잼이 마중물 역할을 하면서 선순환을 창출한 것이다.

분석 대의 마케팅의 성공 조건

훌륭한 대의 마케팅 아이디어를 구상했으면 이를 여러 사람에게 알릴 방법도 고민해야 한다. 프라이탁Freitag이라는 가방 브랜드를 알고 있는가?

1993년 탄생한 이 브랜드는 버려진 트럭 방수천, 자전거 바퀴 튜브, 안전벨트를 이용해 가방을 만든다. 그런데 가격이 만만치 않다. 15만~40만 원대다. 그런데도 2016년 매출액이 700억 원에 달했다. 소비자들은 어떤 의도로 프라이탁 제품을 구입하는 것일까? 친환경에 대한 명분이다. 이런 가방을 들고 있으면 그 사람은 환경문제에 깨어 있는 사람으로 여겨진다. 한마디로 사람이 달라 보인다. 하지만 한 가지 짚고 넘어갈 것이 있다. 주변 사람들이 프라이탁을 모른다면 구매가 활발히 일어났을까?

대의 마케팅이 성공하려면 '이러한 활동이 있다'는 점을 소비자에게 적극 알려야 한다. 광고를 통해 알리면 하수다. 다른 재치 있는 방법을 써야 고수다. 타깃은 초등학교 쪽에 알렸다. 학교에서 마케팅을 적극 거들어줬다. 이노센트는 털모자로 어필했다. 영국에는 자기가 뜨개질한 털모자 수십, 수백 개를 사진으로 찍어 본인 SNS 계정에 올리는 사람들이 상당수에 달한다.

최근 뜨고 있는 중고차 거래 기업인 카바나Carvana를 살펴보자. 이 회사는 중고차 구매를 혁신적으로 바꾼 기업이다. 기존의 중고차 구입 프로세스는 어떠한가. 일단 중고차 매장에 간다. 딜러에게 추천을 받건 그와 흥정을 하건 일단 내 눈으로 차를 봐야 한다. 그래야 거래가 이뤄진다. 온라인 중고차 거래모델도 등장했지만 오프라인에서 딜러를 만나는 것은 변함이 없다.

카바나는 새로운 모델을 도입했다. 전시장도 없고 딜러도 없다. 그 덕분에 동일한 조건의 차량이 평균 1600달러 저렴하게 거래된다. 구매자의 불안을 없애기 위해 자체적으로 150가지 품질검사를 철저하게 실

카바나는 토큰을 넣어 자동차를 출고하는 독특한 고객 체험을 제공해 인기를 모으고 있다. 사진은 카바나 매장에 설치된 토큰 투입 기계.

시한다. 차량의 외관과 내부 모습을 고화질 카메라로 찍어서 사이트에 올려놓는다. 구매 후 일주일 내에는 아무 조건 없이 반품할 수도 있다. 마음껏 몰아보고 구매는 그다음에 결정하라는 뜻이다. 이 정도 비즈니스 모델은 누구나 생각해볼 수 있다. 게다가 비즈니스 모델이 좋다고 해서 반드시 성공하는 것도 아니다.

　카바나의 절대 강점은 온라인 구매자가 차를 손에 넣을 때, 마치 자판기에서 차를 뽑는 느낌을 주도록 하는 독특한 시스템을 구축한 데 있다. 차를 인수하기 위해 카바나 매장에 도착하면 5층짜리 유리 건물이 보인다. 그 안에는 20대의 자동차가 주차돼 있다. 입구에 있는 대형 자판기에 동전을 넣는다. 내가 구매한 자동차가 4층 다섯 번째 칸에 있다고 가정해보자. 팔레트가 4층까지 올라간 다음 다섯 번째 칸에 멈춘다. 차가 팔레트 위로 올라오고 몇 분 후 내 앞으로 이동된다. 이 광경을 보는 재미가 대단하다. 각종 SNS에 카바나 자판기 관련 사진과 동영상이 게재되면서 순식간에 유명세를 탔다. 본질은 온라인 구매지만 홍보는 오프라인의 대형 자판기가 한 셈이다. 대의 마케팅에서 대의도 중요하다. 그렇지만 한 걸음 더 나아가 무엇을 홍보의 포인트로 삼느냐에 따라 그 효과가 달라진다.

대의 마케팅을 추구할 때 한 가지 유의할 점이 있다. 마케팅과 대의 명분 사이의 적절한 균형이다. 치킨 프랜차이즈로 유명한 KFC는 유방암 예방 캠페인을 실시한 적이 있다. 자사 제품 판매금액의 일부를 가장 큰 유방암 예방단체에 기부하는 대의 마케팅이었다. 비판 여론이 거셌다. '튀긴 음식을 먹는다는 것 자체가 유방암 발병률을 높인다는 연구결과가 있는 마당에 도대체 유방암 환자를 늘리겠다는 건가, 줄이겠다는 건가?' '담배 필 때마다 폐암 예방재단에 기부하는 것과 무엇이 다른가?' 등의 항의가 빗발쳤다. 결국 KFC는 이 캠페인을 중도에 포기할 수밖에 없었다.

공익과 수익의
공생 모델

대의 마케팅에 이어 공익 캠페인에 대해 살펴보자. 참고로 광고업계에서는 소비자에게 노출되는 기간이 6개월이 넘으면 캠페인, 그 미만이면 단발성 광고라고 부른다. 미국의 대표적인 광고 캠페인으로 'Got milk?'를 들 수 있다. 이 캠페인은 1993년부터 2014년까지 20년 이상 지속됐다. 모델들이 '우유콧수염'을 그린 장면으로 유명하다.

힌두스탄 유니레버 제품이 아닌 체험을 홍보하다

1930년 탄생한 유니레버는 1956년 힌두스탄 유니레버Hindustan Unilever Ltd.(이하 HUL)라는 자회사를 만들면서 인도에 진출했다. 현지에 진출한 지 60년이 넘었으니 인도 내부 사정에 대해서는 어느 글로벌 기업보다도 훤히 알고 있다.

HUL은 2002년 '라이프부이 스와스챠 체트나Lifebuoy Swasthya Chetna'라는 손씻기 캠페인을 시작한다. 라이프부이는 HUL이 생산하는 빨간색 비누 브랜드로 당시 인도 시장의 65%를 점유하고 있었다. 스와스챠 체트나는 힌디어로 '건강을 일깨우다'라는 의미다. 요약하면 '위생의식이 취약한 지역주민을 대상으로 비누로 손 씻는 교육을 시키는 캠페인'이라 할 수 있다.

비누로 손 씻는 게 위생적으로 좋다는 것은 주지의 사실이다. 그런데 인도에서는 좀 다르게 해석된다. 이 프로그램을 주도적으로 기획한 광고대행사 오길비 앤 매더Ogilvy & Mather는 "비누를 접해본 경험이 없는 저소득층에서는 비누를 사용하는 것 자체를 어색해합니다"라고 이야기한다. 캠페인 아이디어 개발을 위해 특정 지역을 대상으로 비누 사용 습관을 조사했다. 조사결과가 믿기지 않았다. 화장실 사용 후 42%만 비누로 손을 씻었다. 식사 전에는 11%, 식사 준비할 때에는 10%로 그 수치는 더 낮아졌다.

어른들의 위생의식 결여는 면역력이 취약한 아동의 설사병으로 이어졌다. 우리나라에서 설사는 약을 먹으면 치료할 수 있는 병이지만, 개도국의 설사병은 생명도 잃게 하는 치명적인 질병이다. 2002년 WHO의 조사에 따르면 매년 200만 명의 유아가 설사로 목숨을 잃었다. 비슷한 시기에 런던대학은 비누로 손을 씻으면 사망률이 47%로 낮아질 것이라는 연구결과를 발표했다. HUL은 적절한 시점에, 적절한 곳에서, 꼭 필요한 사회공헌 활동을 기획한 것이다.

HUL은 교육을 위해 총 300개의 팀을 꾸렸다. 각 팀은 건강개발요원Health Development Officer, HDO 한 명과 건강개발보조요원Health Development Assistant, HDA 한 명, 합쳐서 두 명으로 구성했다. 이들을 먼저 선행교육시

"나는 비누가 생명을 살린다는 것을 몰랐어요." HUL의 손씻기 캠페인은 인도의 위생의식을
높였을 뿐 아니라 HUL의 매출에도 기여했다.

① HUL의 손씻기 캠페인 포스터 ② 형광물질을 손에 묻혀 세균의 위험성을 알리는 실험

키고, 농촌 지역으로 보냈다. 한 마을당 월 1~2회씩 총 3개월에 걸쳐 교
육을 실시했다. 하나의 새로운 습관을 문화로 정착시킨다는 것은 결코
쉬운 작업이 아니다. 5~13세 어린이와 어머니를 대상으로 비누가 어떻
게 병원균을 막을 수 있는지 가르쳤다. 시골은 문맹률이 높다. 영어는
물론 힌두어로 쓰인 교보재조차 효과가 없었다. 그림카드, 형광물질을
손에 묻히는 실험도구, 세균과 라이프부이(비누)맨이 싸우는 인형극을
활용했다. 이 프로그램이 거쳐 간 지역은 위생의식이 개선됐고, 덩달아
비누 판매량도 늘었다. 2007년까지 5년간 진행된 캠페인은 2만 7000
개 마을에서 8000만 명을 교육시켰다. 이 지역에서 위생의식이 향상된

것은 물론이고 비누 판매량도 늘었다.

노보노디스크 죽의 장막을 걷어낸 당뇨병 캠페인

노보노디스크가 중국시장에 진출하던 1994년의 일이다. 당시 중국은 도시화 진전, 고열량 식사, 운동 부족과 같은 라이프스타일의 변화로 당뇨병 환자가 급속히 늘고 있었다. 그 와중에 중국에서 당뇨병은 불치의 병이라는 근거 없는 소문이 퍼져 적절한 치료가 행해지지 않고 있었다. 당연히 당뇨병 치료제 시장은 존재하지 않았다. 노보노디스크는 현지 제약업체와의 제휴도 고려했지만 자금력, 기술력 면에서 합작할 만한 회사가 없었다. 결국 독자 진출하기로 마음을 굳히면서 기존에 없었던 당뇨병 치료제 시장을 새로 개척하기로 했다.

먼저 중국인들에게 당뇨병이 무엇인지 알리고, 어떻게 치료를 해야 하며, 예방을 위해서는 어떤 생활을 해야 하는지 알리기로 했다. 우선 의료진을 대상으로 교육을 실시했다. 이들의 인식이 바뀌어야 치료도 할 수 있고, 당뇨병의 위험성에 대해 잠재 환자를 설득할 수도 있지 않겠는가?

노보노디스크는 2016년까지 중국에서 5만 명이 넘는 의사를 교육시킨 것으로 추정된다. 교육을 위해 중국 위생부, 국제당뇨병연맹 International Diabetes Federation과 파트너십을 체결했다. '당뇨병을 변화시키는 버스Changing Diabetes Bus'라는 프로그램도 만들어 시골 구석구석까지 버스로 찾아가면서 현지 의사를 교육시켰다.

환자에 대한 교육도 중요하다. 환자를 중심으로 노보케어클럽Novo Care Club을 만들었다. 노보노디스크는 중국인들에게 단순히 인슐린을 공급하는 업체가 아니라 치료 파트너로서 자리 잡고 싶었다. 환자의 식생활과 생활습관을 관리해주고 투약 일정도 꼼꼼히 챙겨주는 친구 같은 역할을 수행하고자 했다. 2016년을 기준으로 90만 명의 환자가 이 클럽에 가입해 있다. 클럽 멤버가 당뇨병에 대해 궁금한 점이 있을 때면 핫라인을 통해 언제든지 전문가와 전화 상담이 가능하다는 점도 장점으로 꼽힌다.

노보노디스크는 이러한 계몽활동을 통해 중국내 당뇨병 환자가 적절한 치료를 받을 수 있는 토양을 구축하는 데 성공했다. 중국정부 관련기관 및 중국 당뇨병학회와도 긴밀한 관계가 형성됐다. 중국이 전국적인 진료 가이드라인을 책정할 때도 노보노디스크는 외국 업체로는 드물게 외부 전문가로 참여해 프로그램 수립을 지원했다. 여기에 더해 1995년에는 톈진에 생산공장을 건립하고, 2002년에는 베이징에 R&D 센터를 개설했다. 당뇨병에 대한 진정성 있는 계몽활동과 중국 내에서 R&D, 생산, 판매를 일체화시킨 정책에 대한 중국정부의 배려 등으로 노보노디스크는 중국시장에서 60%가 넘는 압도적인 시장점유율을 차지하고 있다.

분석 닫힌 문도 여는 공익 마케팅

경영이론 중에는 오래전에 만들어졌지만 지금까지 살아남은 모델들이 있다. 음악으로 치면 클래식에 해당된다. 1970년대에 개발된 BCG^Boston Consulting Group의 매트릭스도 산업 및 기업을 분석할 때 약방의 감초처럼 쓰이고 있다. 1950년대 등장한 앤소프^Ansoff 매트릭스도 신사업 전략을 수립할 때 여전히 사용된다. X축을 기존제품과 신제품, Y축을 기존시장과 신시장으로 나누면 4개의 빈 칸이 나온다. 각각 시장침투 전략, 제품개발 전략, 시장개척 전략, 다각화 전략이라고 명명하며 그에 걸맞은 전략을 구상해보는 것이다.

신사업 관점에서, HUL과 노보노디스크는 기존제품을 신규시장에 갖고 들어간 모델이다(HUL의 비누는 캠페인 이전에도 대도시에서는 팔리고 있었다. 농촌지역만 놓고 볼 때 신시장이라는 의미다). 앞서 2장에서 살펴본 그라민다논과 아지노모토는 신제품을 신규시장에 갖고 들어간 모델이다. 아무래도 기존제품을 갖고 들어가는 편이 좀 더 안전하다.

시장이 형성되기 전 단계에서는 언제 시장이 열릴지 알 수가 없다. 그래서 일반적으로 시장에 진입하기가 망설여지게 된다. 이때 좋은 방

	제품	
시장	기존제품	신제품
기존시장	시장침투 전략	제품개발 전략
신시장	시장개척 전략	다각화 전략

앤소프 매트릭스

법이 공익 캠페인이다. 몇 년 정도 한시적으로 공익 캠페인을 진행하면서 시장 기회를 탐색해보는 것이다. 그 사이에 시장이 형성된다면 초기부터 시장을 장악할 수 있을 것이고, 시장이 형성되지 않으면 수업료 내고 공부한 셈 치면 된다. 게다가 공익 캠페인은 특성상 현지 정부기관과 연결하기도 쉽고 소비자들에게 좋은 기업 이미지를 심을 수 있다. 좋은 일 하겠다는데 이를 마다할 정책기관은 많지 않다. 노보노디스크처럼 정책기관과 함께 자사에 유리한 방향으로 새로운 정책을 마련해나갈 수도 있다. 공익 캠페인이 사회를 좋은 방향으로 변화시키기는 데 기여한다는 점은 누구나 알고 있다. 여기에 더해 신사업 창출의 기회가 된다는 점도 함께 알았으면 한다.

고령화 시대를
기회로 삼은 기업들

마지막으로 고령층을 대상으로 한 제품 및 서비스 개발을 살펴보자. 이 부분은 우리나라에서 앞으로 각광받을 수 있는 분야다. 우리나라는 고령화가 급속히 진행되고 있어서 2018년에는 65세 이상 인구비율이 14%를 넘는 고령사회에 진입할 것으로 보고 있다. 2026년에는 그 비율이 20%에 달할 것으로 예상된다.

고령화와 관련한 산업 아이디어는 일본을 벤치마킹해야 한다. 일본은 국민 4명 중 1명이 65세 이상인 사회다. 일본에서는 2009년에 쇼핑난민買い物難民이라는 신조어가 등장했다. 돈이 있어도 물건을 사기 힘든 노인들을 일컫는 말이다. 외딴 섬에 사는 사람이 아니다. 도쿄 등 대도시 주변에 쇼핑난민들이 수두룩하다. 조사에 따르면 일본 전국에 600만 명 이상 존재한다.

사정은 이렇다. 1970년대 일본 대도시 주변에 베드타운이 조성됐다. 전철로 한 시간 거리(일본에서는 짧은 거리다), 저렴한 땅값, 신도시답게 녹지도 풍부한 환경. 젊은 부부가 살기에 좋았다. 시간이 40년 이상 흘렀다. 젊은 부부는 노부부나 독거노인이 됐고, 자녀들은 다른 곳으로 떠났다. 인구가 줄어드니 쇼핑센터도 작은 가게도 채산을 맞추기 힘들다. 하나둘씩 점포를 폐쇄했다. 먹을 것을 사기 위해서 5km 이상 가야 하는데, 노인들 입장에서는 운전하기도 힘들고, 걸어갈 기운도 없다. 고령화와 점포 채산성 악화가 맞물려 새로운 사회문제가 대두된 것이다. 이런 고령화 문제 해결을 위해 팔을 걷어붙이고 나선 단체가 있다. 어디였을까? 놀랍게도 편의점이었다.

세븐일레븐 쇼핑난민을 위한 찾아가는 편의점

일본 편의점 시장에서 세븐일레븐Seven-Eleven의 위상은 독보적이다. 도시락 판매, 주먹밥 판매, 공공요금 납부 서비스 등을 가장 먼저 선보였다. 세븐일레븐의 이사카 류이치井阪隆一 회장은 "일본에서 맞벌이 부부가 1000만 가구를 넘었습니다. 독신자도 1300만 가구, 고령자 세대도 1000만 가구에 달합니다. 이러한 추세에 제대로 대응하려면 지금부터 준비해야 합니다"라고 주장한다. 고령자 세대를 위한 상품개발을 통해 새로운 비즈니스 기회를 엿보고 있음을 잘 알 수 있다.

세븐일레븐은 2011년 새로운 실험을 시작했다. 쇼핑난민을 대상으로 조작이 간단한 터치 패널식 태블릿형 단말기를 배포했다. 단말기를 통해 편의점 내 비치된 상품을 구매하거나 추가로 세탁·드라이클리닝·청소대행 서비스를 부를 수 있다. 쇼핑난민의 어려움을 해결하기 위해 이동판매차를 운영하기도 한다.

세븐일레븐은 쇼핑난민을 위한 다양한 서비스로 새로운 수익을 창출하고, 사회공헌 기업으로 이미지를 높이고 있다.

① 도시락 배달 서비스
② 찾아가는 이동판매차

세븐일레븐은 심지어 우리나라 슈퍼마켓처럼 배달도 한다. 특히 도시락과 반찬 택배 서비스인 '세븐밀Seven-Meal'의 무료 배달 서비스가 인상적이다. 500엔 이상의 식사 상품을 주문하면 별도 배송료를 받지 않는다. 인터넷과 전화는 물론 점포에서도 주문을 받아 매장 직원이 직접 주소지로 배달해주는 현지 밀착형 서비스다. 독거 고령자들을 위해 영양가 높은 저염식 택배용 식사 상품도 독자적으로 개발했다. 외출하기 힘든 고령층에게는 반가운 소식이 아닐 수 없다. 반드시 고령층 본인이 주문해야 하는 것도 아니다. 부모와 멀리 떨어져 사는 자녀가 대신 주문해서 배송을 요청하기도 한다. 일반적으로 주문한 상품을 배송할 때면 배달원이 "구입해주셔서 고맙습니다"라고 인사한다. 도시락 서비스는 받는 사람이 "와주셔서 고맙습니다"라고 인사한다. 세븐일레븐은 도시락 배달을 자사의 대표 사회공헌 활동으로 생각할 정도로 자부심이 높다.

세콤 건강을 지켜드립니다

세븐일레븐이 고령자의 편의성을 도모했다면, 세콤Secom은 고령자 가족에게 안심감을 심어줬다. 세콤은 1962년 일본에서 최초로 설립된 종합 경비회사다. 2016년말 기준으로 100만 곳의 기업, 120만 명의 개인과 경비보안 계약을 맺고 있다. 2016년 매출액은 70억 달러가 넘는데, 한국 1위업체인 에스원이 1조 8000억 원 정도니 세콤의 규모가 에스원의 4배 정도 되는 셈이다.

세콤은 2001년에는 일본 최초로 치매노인을 위한 서비스를 개발했다. GPS 위성과 휴대전화 기지국의 전파를 이용한 위치검색 시스템을 통해 모바일 호출기(코코세콤Coco-Secom)로 소지자의 소재를 파악할 수 있도록 했다. 가족 입장에서 치매를 앓고 있는 부모님의 위치를 확인할 수 있다는 건 큰 도움이 된다. 가격도 저렴하게 책정해 많은 사람들이 이용할 수 있도록 했다. 치매 증세가 있는 노인은 물론 혼자 등하교하는 어린이, 혼자 있는 환자들도 유용하게 쓸 수 있었다. 이전에는 기업은 회사 건물, 개인은 주택처럼 주로 부동산이 경비 대상이었다. 코코세콤이 발매되면서 이동하는 사물, 사람도 경비 대상이 될 수 있다는 새로운 패러다임을 제공했다.

이 서비스는 이제 위치 확인에 그치지 않고 보다 적극적으로 대응하는 방식으로 진화하고 있다. 고령자가 위기상황에 빠졌다고 가정해보자. 집안에서 갑자기 가슴이 답답할 수도 있고, 외출 중에 넘어졌는데 일어나기 힘들 수도 있다. 목걸이처럼 차고 있던 휴대용 기기를 움켜쥔다. 그러면 구급요청 신호가 일본 세콤의 관제센터로 연결된다. GPS로 위치를 파악한 뒤, 일본 전국 2800개 거점 중 가장 가까운 곳에 있는 요원이 출동한다. 물론 출동요원은 심폐소생술과 같은 긴급상황에 대한 대처법을 충분히 숙지한 상태. 고령자의 가족에게는 구급차를 불렀다는 사실이 전해진다. 고령자의 혈액형, 지금까지 앓아왔던 병 목록이 요원의 손에 든 단말기에 뜬다. 세콤은 24시간 운영하는 건강상담 서비스 기능도 갖추고 있다. 24시간 운영하는 콜센터인데, 전화받는 사람이 간호사라고 이해하면 된다.

분석 시니어 시프트 시대의 기회

인구 고령화는 피할 수 없다. 그래서 일본에서는 시니어 시프트senior shift라는 용어가 진작 등장했다. 산업의 주요 공략 대상이 시니어 계층으로 옮겨가는 경제적 현상을 의미한다.

〈닛케이 트렌디〉는 트렌드에 관한 한 일본에서 권위있는 경제 잡지로 손꼽는다. 특히 히트상품 예측 코너가 인기다. 2017년초에도 당해연도 유망분야로 7개의 제품군을 내세웠는데, 그 중 첫 번째가 '고령자를 더욱 행복하게 해주는 상품'이었다.

히트상품이 되려면 매출액도 상당해야 한다. '매출액=단가×판매량'이라는 공식에 따르면 단가가 높은 제품이 많이 팔려야 한다는 의미다. 아무래도 부유한 고령층이 타깃이 된다. 고급스런 관광열차를 타고 일본 최고의 요리사가 만들어주는 식사를 하면서 일본 동부를 4일간 여행하는 1인당 95만 엔짜리 상품이 출시와 동시에 10개월간 예약이 다 찼다. 거동이 불편하거나 외출이 쉽지 않은 고령자에게 고급 식자재와 함께 조리법을 배달해주는 상품도 히트할 것으로 예상되는데, 이 또한 부유층을 대상으로 한다.

고령층을 대상으로 하는 서비스는 어떻게 만드는 것일까?

2004년 11월 창립 40주년을 맞아 매장 일부를 고령층 전용으로 탈바꿈시켰던 일본 신주쿠 게이오Keio백화점이 좋은 사례다. 당시 계속되는 경기침체 속에서도 게이오백화점은 나 홀로 성장세를 실현했다.

이 백화점은 일반 백화점과 무엇이 다를까? 우선 지하철에서 하차한 후 매장까지 가기가 어느 백화점보다 편리하다. 물론 지하철과 연결된 백화점은 많다. 밖에 비가 내리더라도 우산을 펴지 않고 들어갈 수 있다. 그래도 개찰구를 통과해서 백화점 입구까지 가려면 꽤 걸어야 한다. 오르내려야 하는 계단도 노인들에게는 불편하다. 게이오는 이런 불편함을 없앴다. 개찰구를 나가면 바로 백화점 입구다. 이런 편리함 때문에 백화점 개장 시간이 11시임에도 불구하고 30분 전부터 노인들로 붐빈다. 노인들은 약을 자주 먹어야 한다. 때맞춰 복용할 수 있도록 음수대를 눈에 잘 띄는 곳에 배치했다. 세심한 배려다. 에스컬레이터도 천천히 움직인다. 에스컬레이터는 분속 30m가 표준이다. 게이오백화점에선 분속 25m로 움직인다. 속도를 6분의 1정도 늦춘 것이다. 나이 든 고객은 훨씬 편안하게 탑승한다. 가격표의 글씨도 큼지막하고, 쇼핑 중 쉴 수 있는 의자도 촘촘히 배열했다. 압권은 점원의 연령층이다. 젊은 직원도 있지만, 매장당 최소한 한 명은 나이 든 판매사원이 배치돼 있다. 고객과 같은 눈높이에서 고객을 지원하기 위함이다.

우리보다 먼저 고령화를 경험한 일본의 사례를 꼼꼼히 들여다보자. 새로운 시장, 새로운 비즈니스 기회에 대한 힌트를 얻을 수 있다. 여기에 우리나라 고령층이 처해 있는 사회적 문제를 나열하고, 이것의 해결책까지 함께 고민한다면 사회에 기여하면서 수익도 창출하는 비즈니스 모델을 개발할 수 있을 것이다. 앞서 본 세븐일레븐, 세콤의 사례가 그 증거다.

PART

3

사회공헌, 기업가치,
이익증대의 선순환 모델

요즘 자본주의 4.0, 마케팅 3.0처럼 숫자를 붙이는 것이 유행이다. 기부활동도 그렇다. 기부 1.0은 '돈 기부'다. 어렵게 살면서 열심히 모은 돈을 학교에 쾌척하는 김밥 할머니, 호암상으로 받은 상금을 전액 기부하는 사회복지법인 이 사장 이야기는 듣는 사람의 가슴을 뭉클하게 한다. 기부 2.0은 '땀 기부'다. 김장을 담그고, 연탄을 나르고, 쪽방촌을 방문하는 등 생활고를 겪는 이들을 몸으로 부딪치며 돕는 활동이다. 기부 3.0은 '재능 기부'다. 변호사라면 법률봉사를, 의사라면 무의촌 진료를 하는 방식이다. '사'자로 끝나는 사람만이 전문가인 것은 아니다. 누구나 나름의 재능은 있다. 미대 재학생이 시골 마을을 찾아가 벽화를 그려주는 것도 재능기부다.

기부방법뿐 아니라 사회에 기여하는 방법도 다양하게 진화해가고 있다. 비즈니스 모델과 인사제도가 바뀐다. 4차 산업혁명을 필두로 하는 기술발달은 손쉽게 사회에 기여할 수 있는 방법을 만들어내고 있다. 사회공헌 자체도 기업 경쟁력 강화와 점점 더 밀접하게 연결되는 추세다. 수익창출과 사회기여가 동시에 이뤄지는 모습으로 진화하고 있는 셈이다.

01

기부와 비즈니스를
결합하다

    세계적인 베스트셀러《비즈니스 모델의 탄생Business Model Generation》에서 경영혁신가인 알렉산더 오스터왈더는 비즈니스 모델을 "기업이 어떻게 가치를 창조하고 전파해 수익을 창출하는지를 체계적으로 설명해주는 원리"라고 정의했다. 비즈니스 모델이 '기업' 측면에서 가치를 창조하고 포착하는 방법을 뒷받침해주는 근거라면, 가치 제안은 '고객'이 해당 기업의 제품·서비스로부터 기대할 수 있는 혜택을 기술한 것이다.

    기업이 지속가능한 성장을 영위하려면 비즈니스 모델과 가치 제안 설계가 마치 동전의 양면처럼 한데 어우러져야 한다는 게 오스터왈더의 주장이다.

    지금은 너무나 당연한 비즈니스 모델이 과거에는 획기적인 사건이었던 경우가 많다. 이런 사례를 들어보면 혹시 우리가 고정관념에 빠져 있는 것은 아닌지 되돌아보게 된다.

1852년 프랑스 파리의 '봉 마르셰Le Bon Marché'라는 상점은 새로운 비즈니스 모델을 세상에 선보인다. 상점 출입은 누구나 가능하다. 물건을 만져봐도 된다. 누가 사든지 같은 가격이다. 구매 후 마음에 안 들면 반품도 가능하다. 가히 '혁신적'인 발상이었다. 혁신적이라고? 그렇다. 당시 프랑스에서는 매장에 들어가면 반드시 제품을 사야 했다. 요즘에도 첫손님이 들어왔다기 구경만 하고 나가면 소금을 뿌리는 가게가 있다. 160여 년 전에는 더했다. 멀리서 구경하는 것은 몰라도 일단 매장에 발을 디디면 무조건 물건을 사야 했다. 게다가 가격표도 없다. 종업원은 손님을 유심히 바라본다. 바가지를 씌울까 말까. 사는 사람도 불안하다. 내가 속고 있는 것은 아닐까. 이런 상황에서 반품은 언감생심이다.

부담 없이 들어가고, 만져봐도 되고, 가격표가 붙어 있으니 일일이 물어볼 필요도 없고, 심지어 반품마저 가능하다면 손님들로 문전성시를 이룰 것임은 당연하다. 백화점이라는 카테고리는 이렇듯 새로운 비즈니스 모델을 제시하면서 탄생했다.

결코 수익과 연결되지는 않을 것이라 여겨졌던 저소득층을 대상으로 한 비즈니스 모델이 등장해 수익을 내고 있다. 심지어 그룹 내 효자기업, 또는 기업 내 효자상품으로 부상한 경우도 있다. 여기서는 이에 대해 살펴보자.

원포원one for one 제품도 주목해볼 필요가 있다. 원포원 모델은 특정 제품을 구매하면 한 개를 더주는 원플러스원에서 착안, 내가 한 개를 더 갖는 게 아니라, 그 제품을 필요로 하는 제3세계의 누군가가 한 개를 더 갖게 함으로써 세상의 이목을 끌었다. 이 모델도 계속 진화발전하고 있다. 어떤 일이 일어나고 있는지 자세히 살펴보도록 하자.

우리의 고객은 약자들입니다

뱅퀴스 뱅크 비우량 고객을 우대합니다

영국의 뱅퀴스 뱅크Vanquis Bank는 눈여겨볼 만한 금융기관이다. 2003년에 출범한 뱅퀴스 뱅크는 이름은 은행이지만 수신은 거의 하지 않는다. 신용카드가 핵심 사업이다. 영국의 신용카드 시장은 이미 2000년대에 포화 상태에 놓여 있었다. 그런데 후발주자인 이 회사는 왜 굳이 신용카드업에 뛰어든 것일까? 새로운 고객이 보였기 때문이다. 남들이 외면하는 중·저 신용등급의 고객군, 소위 '비우량 고객'이 뱅퀴스 뱅크의 주 고객이다.

사실 리스크 관리만 잘하면 낮은 신용등급의 고객도 우량고객 못지 않은 수익을 가져다준다. 리스크 관리를 잘하려면 신용한도를 적당한 수준에서 제공하고, 문제가 없는지 자주 들여다봐야 한다. 첫 거래시 신용한도는 구좌 개설시 150~1000파운드를 줬다. 대신 한도소진율, 이용실적 분석을 바탕으로 5개월마다 신용한도를 조절했다. 한도는 올라갈 수도 있고 내려갈 수도 있다. 오르더라도 최대 3500파운드를 넘지 않도록 했다. 이 정도는 다른 기업도 쉽게 따라할 수 있다. 경쟁우위를 오랫동안 누리기 힘들다는 의미다.

뱅퀴스 뱅크는 고객의 관점에서 연체율을 낮출 수 있는 새로운 제도를 도입했다. 신용등급이 낮은 고객은 대부분 일시적인 현금부족 상태를 겪는다. 예기치 못한 실업도 빈번하게 발생한다. 1년에 한 번씩 고객이 원하는 달에 결제대금을 다음 달로 이월시킬 수 있는 제도를 만들었다. 지불휴가제Payment Holiday라는 이 프로그램은 신용등급의 하락이나 이자율 상승의 부담으로부터 연체위기에 처한 고객들을 해방시켜줬다. 때로는 한 달 이상 연체될 수도 있다. 그럴 땐 계좌 동결account freeze이라는 제도를 활용하면 된다. 계좌 동결은 최대 2년까지 할 수 있는데, 비록 이 기간 동안 뱅퀴스 뱅크 카드는 사용할 수 없지만 신용등급은 기존의 등급이 그대로 유지된다.

카드를 쓰다 보면 얼마나 사용했는지 모를 수도 있다. 과다 사용방지 알림over limit alerts을 설정하면 된다. 예를 들어 월사용 가능액의 80%에 알림을 맞추면, 그 시점에서 알려준다. 마치 휴대폰에서 데이터 사용량 알림기능을 활용하면 일정 수준의 데이터를 썼을 때 알림이 뜨는 것과 같은 원리다. 이러한 노력의 결과 뱅퀴스 뱅크는 2009년부터 2012년까지 4년 연속 '올해의 신용카드 상'을 수상했다.

뱅퀴스 뱅크도 초기 2, 3년 간 영국 인구의 10분의 1 규모인 스코틀랜드에서 사업모델을 가다듬었다. '고객을 위하는 마음' '상당한 준비기간' '좁은 지역에서 먼저 시작한 후 지역 확대'라는 3박자가 고루 갖춰졌기에 성공할 수 있었다. 이렇게 축적된 노하우를 바탕으로 저신용자의 문제를 해결하기 위해 노력하니 그들이 제공하는 수익이 그룹 전체 이익의 80%를 차지하는 기업으로 떠올랐다.

시멕스 시멘트 회사의 마이크로 파이낸싱

이번엔 멕시코로 넘어가보자. 1906년 설립된 멕시코의 시멕스Cemex는 세계 3대 시멘트 제조기업 중 하나다. 1990년대 초반까지 탄탄대로를 걷던 시멕스는 1990년대 중반에 몰아친 멕시코 외환위기로 회사 존립이 위태로울 정도의 위기를 맞는다. 건설경기는 꺼졌고, 새로운 시장을 모색해야 했다.

그때 눈에 들어온 시장이 도시의 가난한 근로자층이었다. 멕시코에선 가난한 근로자들도 집은 있다. 하지만 집이라고 부르기가 민망할 정도다. 채 3평도 안 되는 공간에 부모와 두 명의 자녀가 함께 사는 경우가 부지기수다. 거실, 침실, 부엌이 따로 있을 리 없다. 커튼으로 구획을 나눠 알아서 생활한다.

왜 이런 공간에서 살까? 당연히 돈이 부족해서다. 왜 저축을 안 할까? 당장 먹고 살기에 급급해서다. 게다가 멕시코는 체면치레가 강한 나라다. 소득수준에 상관없이 생일, 결혼식, 장례식을 가능한 한 성대하게 치르고자 한다. 약간의 저축도 이때 다 소진된다.

우리나라는 집을 늘리기 위해 이사한다. 멕시코의 가난한 근로자는 집을 늘리기 위해 집을 새로 짓거나, 기존의 집 옆에 새로운 방을 만든다. 당연히 시멘트가 필요하다. 그런데 시멘트를 살 만한 목돈이 없는 것이 문제였다. 이 문제를 해결하기 위해 시멕스는 팔을 걷어붙이고 가난한 근로자를 설득하기 시작했다.

"좋은 음식을 대접하고 화려한 파티를 여는 것도 좋겠지만 태어날 아이를 위해 방을 만들어주거나 신혼부부에게 집을 마련해준다면 어떨까요? 시멘트는 새로운 희망과 꿈을 선사하는 것입니다."

저소득층이 집을 지을 수 있는 비즈니스 모델을 만들어 '오늘을 위한 기금Patrimonio Hoy'이라고 명명했다. 매주, 또는 월 2회씩 일정한 금액을 적립한다. 방을 추가하는 데 드는 비용이 100이라고 가정하자. 그럼 20정도가 모이면 시멘트 포대를 보내준다. 나머지 80은 소액융자, 즉

시멕스가 지원하는 저소득층 주거
개선 사업 '오늘을 위한 기금'

할부로 갚도록 했다. 1990년대 중반 멕시코의 물가상승률은 연 7% 정
도였다. 시멕스의 마이크로 파이낸싱은 이런 인플레이션 리스크를 직
접 떠안았다. 시멘트 생산자가 직접 소비자에게 제품을 공급하니 중간
마진도 빠진다. 이래저래 기존에 집을 지을 때보다 30% 정도 싼 금액
으로 지을 수 있다는 계산이 나왔다. 시멕스 측은 이러한 점도 중점적

으로 홍보했다.

집짓는 게 서툰 고객을 위해 건축기술 자문, 자재관리 팁, 시공 스케줄 관리 등의 서비스 제공도 잊지 않았다. 제공되는 물품은 시멘트 포대이지 벽돌이 아니다. 프로그램에 참가한 사람이 직접 벽돌을 만들어야 한다. 그래서 시멕스 건축기술 자문팀에서 벽돌 만드는 방법을 자세히 가르쳐준다. 시멘트를 포대로 받다 보면 집짓고 남는 양이 있다. 벽돌 만드는 법은 이미 배웠으니, 남은 시멘트로 마저 벽돌을 만들어 판매한다. 새로운 일거리가 생긴 셈이다.

2015년까지 48만 가구, 230만 명이 혜택을 받았다. 시멕스가 제공한 마이크로 파이낸싱 금액은 3억 달러 수준이었고, 회수율은 99%에 달했다. 시멕스는 이 프로그램을 만들기 전에 하루에 10시간씩 1년 동안 꼬박 고객의 곁을 지키며 시장을 분석했다. 시장 니즈를 확인한 뒤 본격적으로 시장을 만들었다. 1998년에 시작된 이 프로그램은 2004년부터 수익을 내기 시작했다. 시멕스는 콜롬비아, 파나마, 코스타리카 등 주변국에서 동일한 사업모델을 확장했고 오늘날 효자상품으로 자리 잡았다.

분석 기업판 소득주도성장

영국 금융기관도, 멕시코 시멘트 회사도 가난한 고객을 도와주며 이익을 창출하는 데 성공했다. 무엇보다 사채업처럼 빈곤층을 괴롭히는 것이 아니라, 빈곤층이 신용도 늘어나고 집도 지을 수 있도록 도와주면서 수익을 창출했다는 점이 신선하다.

2013년 12월 마윈 알리바바 회장이 한국을 방문했다. 일정 중에는 서울대 학생을 대상으로 한 특강도 포함돼 있었다. 200석의 자리가 꽉 찼는데 기말고사를 포기하고 강의를 들으려는 학생도 있었다. 그의 강의 중에서 특히 기업의 사회적 역할에 대한 이야기가 인상적이었다.

"지난날에는 큰 회사를 만드는 데 모두가 혈안이 돼 있었지만 지금은 좋은 회사를 만들고 싶어합니다. 좋은 회사란 곧 사회문제를 해결하는 회사입니다."

마윈은 중국 사회의 시급한 과제로 일자리 창출과 빈곤층 소득 증대를 꼽았다. "중국 사람들은 일자리를 정부만 만들 수 있다고 생각합니다. 저는 우리(알리바바)의 일이라고 봅니다"라고 설명했다. 아울러 "상하이와 베이징 등지에 사는 부유한 사람들 주머니에서 돈은 빼내는 일은 쉽습니다. 가난한 사람들이 돈을 벌어 쓰게 하는 방법을 고민해야 합니다"라고 덧붙였다. 마윈 회장이 규정한 훌륭한 사업가는 '상대방 주머니에 있는 5달러를 어떻게 내 주머니로 가져올까'를 고민하는 사람이 아니다. 5달러를 50달러로 불린 뒤, 2달러를 가져오는 방법을 고민하는 사람이다. 가난한 사람이 빈곤층에서 벗어날 수 있도록 도우면서 기업도 수익을 낼 수 있는 새로운 비즈니스 모델에 대해 진지하게 고민할 필요가 있다.

기부를 소비하다

탐스슈즈 착한 소비의 대명사

영국, 멕시코를 거쳐 이제 개도국으로 떠나보자. 여행이건 출장이건 개도국에 가보면 신발 없이 돌아다니는 어린이를 종종 본다. 잔디밭도 아니고 길거리를 맨발로 돌아다니는 모습을 보면 걱정이 되기도 하지만 대부분은 그것으로 끝이다. 관광을 즐기거나 업무에 몰두하다 보면 맨발의 어린이 모습은 어느 틈엔가 머릿속에서 사라진다. 비범한 사람은 이런 장면을 놓치지 않는다. 마치 뉴턴이 떨어지는 사과에서 만유인력의 법칙을 발견한 것처럼 말이다.

맨발의 어린이를 보고 최초로 영감을 얻은 사람은 블레이크 마이코스키Blake Mycoskie였다. 탐스슈즈Tom's Shoes의 창업자다. 2006년 CBS의 리얼리티쇼 어메이징 레이스에 참가했던 마이코스키는, 촬영이 끝난 후 휴식을 취하기 위해 아르헨티나로 향한다. 그 곳에서 신발 살 돈이

탐스슈즈는 신발 한 켤레를 판매할 때마다 아르헨티나 저소득층 어린이들에게 신발 한 켤레를 기부하는 원포원 마케팅을 기획해 큰 사랑을 받고 있다.

없어서 맨발로 돌아다니는 아이들을 목격한다. 유리 조각에 찔려 피가 나거나, 퉁퉁 부어오른 발로 뛰어다니는 아이들. 그런데 아르헨티나에 서는 신발을 신지 않으면 등교할 수 없다는 조항이 있다. 신발 때문에 학교에 가고 싶어도 갈 수 없는 아이가 있다는데 놀란 마이코스키는 이런 환경에 놓여 있는 아이들을 돕기 위해 탐스슈즈를 설립했다.

처음 회사를 설립할 당시만 해도 창업자인 마이코스키조차 탐스슈 즈가 그토록 선풍적인 인기를 끌리라고는 상상하지 못했다. 오히려 사업에 실패했을 때 남는 재고를 어떻게 처리할 것인가를 고민했다고 한다. 그는 "정말 편한 신발이니까 남는 재고는 크리스마스 때 친구들에게 선물하면 되겠다"고 생각했다. 첫해 매출 목표가 200켤레였으니 그럴 만 했다.

목표는 소박했지만 출시 6개월 만에 탐스슈즈는 1만 켤레 넘게 팔려나갔다. 스칼렛 요한슨 등 할리우드 스타들이 한두 명씩 신기 시작하면서 SNS를 타고 여기저기에 입소문이 났다.

내가 한 켤레 사면 누군가가 신발 한 켤레를 신을 수 있다는 세계 최초의 원포원 모델이 관심을 끌면서, '탐스슈즈를 신어야 의식 있는 소비자다'라는 분위기가 확산됐다. 인기에 힘입어 2008년부터는 '신발 없는 하루One Day without Shoes' 캠페인을 시작했다. 가난으로 인해 신발 없이 살아가는 아이들의 고충을 함께 체험해보자는 취지로 만들어졌다. 데미 무어 등 유명인사들의 자발적인 참여가 이어졌다. 덕분에 탐스슈즈 판매량은 폭발적으로 증가했다. 2013년에는 누적 판매량이 1000만 켤레를 넘어섰고, 2016년 중반에는 7000만 켤레에 달했다.

원포원 마케팅 외에 폭발적인 인기의 원인은 또 무엇일까? 탐스슈즈의 디자인을 마음에 들어하는 소비자층이 두터웠던 것도 성공요인이다. 탐스슈즈의 신발 디자인은 아르헨티나에서 알파르가타Alpargata라고 불리는 신발에서 영감을 얻었는데, 디자인만 봐도 어느 회사 제품인지 알 수 있을 만큼 디자인이 독특하다. 게다가 착용감 또한 매우 편하다.

이처럼 한눈에 알아볼 수 있는 독특한 디자인, 그 속에 담겨 있는 남을 도울 수 있다는 스토리텔링, 원포원 아이디어 등이 화학적 반응을 일으키면서 전 세계적으로 선풍적인 인기를 불러모은 것이다.

탐스슈즈는 2015년 5월 인스타그램을 통한 자선 캠페인을 선보였다. 누구라도 맨발 사진을 인스타그램에 올리면 탐스슈즈가 신발 한 켤레를 기부하는 캠페인이었다. 2주 정도 캠페인 기간 동안 30만 명 정도가 사진을 올렸다. 인스타그램을 통해 자사의 존재 목적을 다시 한 번 각인시키는 데 성공한 셈이다.

2006년말 1만 켤레를 판매한 뒤, 탐스슈즈 전 직원이 신발을 싸들고 아르헨티나로 날아갔다. 맨발로 다녀야만 하는 어린이 한 명 한 명에게 신발을 신겨줄 때마다, 직원들은 말로 표현할 수 없는 충만감과 행복감을 느꼈다고 한다. 그런데 여기서 생각지 못했던 문제가 발생했다.

신발을 무료로 나눠주는 모델이 현지 산업을 황폐화시킬 수도 있다는 점이다. 당신이 탐스슈즈가 무료로 신발을 나눠주는 지역에서 신발을 판다고 가정해보자. 사람들이 당신의 신발을 구매할까? 무료로 신발을 얻을 기회가 있는 소비자는 결코 돈을 내고 신발을 구입하지 않는다. 게다가 탐스슈즈가 언제 어느 정도의 선행을 베풀지 알 방법이 없다. 시장변동에 대한 예측이 불가능하다는 의미다.

2008년 캐나다 토론토 대학은 아프리카 지역으로의 중고의류 기부가 현지 의류산업에 어떤 영향을 미치는지에 대한 연구결과를 발표했다. 1981년부터 2000년까지 데이터를 분석했는데, 의류산업 생산량 40% 감소, 고용 50% 감소의 결과를 가져온 것으로 나타났다. 개도국을 도와주자고 시작한 일이 중장기적으로는 오히려 해를 끼친 셈이 됐다.

탐스슈즈도 이러한 사실을 깨닫고 기존 생산전략을 수정했다. 판매용 신발은 지금처럼 중국 공장에서 생산하되, 기부용 신발은 신발을 많이 기증하는 지역에 공장을 세워 공급하기로 한 것이다. 아르헨티나를 시작으로 에티오피아, 아이티, 인도, 케냐에 기부용 신발공장을 설립했다. 물론 그만큼 일자리가 창출됐다. 아울러 신발 이동경로가 단축됨에 따라 물류비는 물론, 온실가스도 줄이는 의외의 소득도 거뒀다. 신발을 무료로 받는 아동에 대한 엄정한 심사를 위해 NGO를 통해 유통시키기로 했다.

신발로 성공한 탐스슈즈는 원포원 모델을 안경, 커피로 확대시켰다. 탐스슈즈에서 안경을 구매하면 다른 사람에게 교정용 안경에서 백내장 수술까지 다양한 혜택을 제공할 수 있다. 커피를 구매하면 워터포피플Water for People이라는 NGO가 커피생산국에 안전한 식수를 제공한다. 원포원이기는 하지만 동일한 제품을 주지는 않는다. 무상으로 신발을 제공하는 모델의 단점을 보완하기 위한 노력이 엿보인다.

와비파커 당신의 안경이 아프리카의 눈이 됩니다

탐스슈즈가 원포원 모델을 신발에서 안경으로 확장했다면, 원래 안경시장에 존재하던 기업은 무엇을 하고 있을까? 이를 설명하기 위해 안경시장에 혁신적 비즈니스 모델을 내놓은 기업 이야기부터 시작하도록 하자.

당신 또는 당신과 가까운 누군가가 안경을 착용하고 있다면, 혹시 그 안경을 얼마에 구입했는지 알고 있는가? 렌즈 포함해서 10만 원이 넘는 가격인가? 이 질문에 혀를 끌끌 차는 사람도 꽤 있을 것이다. 안경테 가격만 해도 얼만데 렌즈 포함해서 10만 원이라니… 세상물정 모르는 사람의 이야기로 치부될지도 모른다.

미국에서도 안경 하나 사려면 꽤 큰 금액이 드는 모양이다. 여기에 고개를 갸우뚱한 친구들이 있었다. "안경은 대량생산이 가능하다. 안경을 만들기 위해 첨단기술이 필요한 것도 아니고 재료비도 저렴하다. 제작공정도 단순하다. 이러한 안경이 왜 아이폰만큼 비싸야 하지?"

2010년 2월 와튼스쿨의 학생 4명은 이러한 생각을 공유하고 의기투합해 새로운 형태의 온라인 안경판매 사업을 선보였다. 회사이름은 와비파커Warby Parker. 이곳에서 어떻게 안경을 구매하는지 경험해보자.

와이파커의 홈페이지에 들어가 마음에 드는 안경테를 다섯 개 고른다. 집으로 샘플이 배송된다. 닷새 동안 사용해본다. 샘플을 반송하면서 자신이 어떤 안경테를 골랐는지 알려준다. 시력과 눈과 눈 사이의 간격 거리를 홈페이지에 기입한다. 2주 후에 나의 시력과 눈 간격에 딱 맞는 안경이 집으로 배달된다.

총 3회의 배송비는 와비파커가 부담한다. 그런데도 가격은 100달러가 채 안 된다. 시력이나 눈 간격 측정이 쉽지 않을 수 있다. 이러한 소비자를 위해 오프라인 매장 일곱 군데를 갖췄다. 물론 측정 외에 현장구매도 가능하다. 2015년 〈패스트 컴퍼니〉는 가장 혁신적인 기업으로 와비파커를 선정했다. '집에서 안경을 고를 수 있다'는 점이 기존의 통념을 깼다는 이유였다.

와비파커는 안경에도 원포원 모델을 적용했다. NGO단체인 비전스프링VisionSpring과 제휴를 맺었다(창업자이자 CEO인 닐 블루멘탈Neil Blumenthal은 와튼스쿨 입학 전에 비전스프링에서 근무했다). 안경 한 개가 팔리면 한 개를 개도국에 기부하지만, 탐스슈즈와는 조금 다른 방식을 채택했다. 매월 판매량을 집계한 뒤, 그만큼의 안경을 구매할 수 있는 돈을 비전스프링에 지급한다. 비전스프링은 개도국에서 기초적인 검안 교육 및 안경 판매 교육을 실시한다. 그리고 개당 3~4달러 정도에 안경을 판매하도록 한다.

와비파커의 조사에 따르면 안경이 필요하지만 구입하지 못하는 사람이 전 세계 7억 명 이상이라고 한다. 이들이 안경을 쓰면 생산성이

와비파커가 펼치고 있는 원포원 마케팅, 'Buy a Pair, Give a Pair'.

35% 올라가고, 월수입이 20% 증가한다. 안경을 준다는 것은 가난한 사람을 돕는 아주 좋은 일임에 틀림없다. 그런데 기부가 아닌 판매방식을 쓰는 이유가 무엇일까?

기부는 무료다. 주고나면 끝이다. 혹시나 와비파커에 무슨 일이 생겨서 더 이상 기부를 못하게 되면 기부받던 마을은 더욱 힘들어진다. 반면 판매모델로 가면 미약하나마 개도국에 안경 산업이 태동하게 된다. 게다가 꼭 필요한 사람만 안경을 갖게 된다.

볼빅 착한 생수를 사주세요

신발, 안경에 이어 이번에는 마시는 물 이야기다.

유니세프는 개도국을 중심으로 물과 위생에 관한 다양한 프로젝트를 실시하고 있다. 볼빅Volvic은 유니세프와 함께 볼빅 1L가 팔릴 때마다 개도국에 깨끗한 물 10L를 지원하는 프로그램을 개발했다. 2005년 독일을 시작으로, 2006년 프랑스, 2007년 일본으로 확장했다. 이중 일본 사례를 살펴보자.

볼빅은 2007년 일본에서 볼빅 프로젝트를 펼치면서 아프리카 서부에 위치한 말리Mali를 10년간 지원하기로 했다. 볼빅 브랜드는 프랑스 기업 다논이 소유하고 있다. 국가마다 사업전개방식이 다른데, 일본에서는 기린음료Kirin Beverage가 볼빅 제품의 유통을 담당하고 있다.

매해 5월초부터 8월말까지 집중적으로 마케팅 활동을 하는데, TV 광고까지 활용하는 탓에 상당수의 일본인들이 볼빅의 원포원 마케팅을 인지하고 있다. 한국이건 일본이건 수입산 생수의 가격이 자국산보다 비싸다. 그래도 '아프리카를 돕겠다'는 볼빅의 이념에 동참한 사람이 적지 않았던 모양이다. 2007년부터 2016년까지 총 53억L의 깨끗한 물을 말리에 공급했다.

깨끗한 물은 어떻게 공급할까? 물이 필요한 마을에 우물을 설치해줬다. 여기서 주의할 점이 있다. 단순히 설치만 해서는 안 된다. 관리할 수 있는 역량을 키워줘야 한다. 수리용 부품도 미리미리 전달해주고, 지역주민 중 몇몇 사람을 대상으로 우물관리 방법도 전수해줘야 한다. 물고기 자체가 아니라 물고기 잡는 법을 알려준 셈이다.

기린음료에 따르면 캠페인이 종료된 2016년 이후에도 향후 10년간은 현지에서 우물을 관리할 수 있는 수준까지 기술을 갖추게 했다고 한다. 다행스러운 일이다.

분석 물고기 잡는 법을 가르쳐라

탐스슈즈나 와비파커, 볼빅의 예에서 보듯, 원포원 모델은 계속 진화하고 있다. 탐스슈즈처럼 동일한 신발을 기부하더라도 기부용 물품은 기부대상 국가에서 생산하기도 하고, 와비파커처럼 물품이 아닌 돈으로 NGO에 기부해서, 그 NGO가 관련 산업을 일으키도록 돕기도 한다. 볼빅은 생수를 직접 주지 않고 우물파기 사업을 벌이고 있다. 그러다보니 대의 마케팅과의 구별이 점점 모호해지고 있다. 하지만 기업과 소비자 입장에서는 효과가 분명하다. 기업은 마케팅 효과를 얻고, 소비자는 좋은 소비의 경험을 하게 된다.

구매하는 제품과 도와주는 제품이 반드시 같아야 할까? 꼭 그럴 필요는 없다.

2006년 시작된 P&G의 '원 팩=원 백신One Pack = One Vaccine' 프로그램

의 구조를 보자. P&G의 팸퍼스Pampers 기저귀(프로그램 파트너 기관인 유니세프의 마크가 찍혀 있다)를 한 팩 사면 아프리카 지역에 파상풍 예방 백신이 하나 기부된다. 접종은 유니세프가 실시한다. 2006년 당시 전 세계 신생아 중 5만 8000명이 생후 1개월 내에 파상풍으로 목숨을 잃었다. 단지 예방 접종만 맞으면 아무 문제가 없는 병이었다. P&G 측에 따르면 2014년까지 1억 명의 산모가 P&G의 프로그램을 통해 파상풍 예방 접종을 받았다.

사회공헌의 방법론 중 명심해야 할 것이 '물고기를 주지 말고 물고기 잡는 법을 가르쳐줘라'다. 이런 점에서 그저 필요로 하는 제품을 수요자에게 기부하는 것은 방법론적으로 보완할 필요가 있다. 물론 아이티 대지진이나 뉴올리언스 허리케인처럼 긴급 구호상황이 발생하면 당연히 물자를 지원해야 한다. 하지만 단순히 물자 제공만 한다면 일시적인 문제해결에만 그칠 뿐 근본적인 해결책이 되기 힘들다. 아울러 '현지 산업이 아직 존재하지 않는다거나 미성숙하다면 제품으로 도와주고, 그렇지 않다면 다른 방법을 찾아본다'는 기준을 세우는 것도 좋을 듯하다.

02

기업의 경쟁력을 높여주는
전략적 사회공헌

이번에는 자원봉사를 살펴보자. 많은 회사들이 봉사활동을 인사팀 업무로 보고 있다. 기업 내부적으로 인력동원이 중요하다고 보기 때문이다.[*]

일정 규모 이상의 기업이라면 자원봉사 담당자가 있다. 아주 규모가 큰 기업이라면 그 일만 담당할 것이고, 그렇지 않다면 인사총무 쪽의 다른 업무와 겸임할 것이다. 이 자리에 있는 사람에게 고민을 물으면 "다들 자원봉사하면 좋다고 하는데, 막상 하려고 하면 참석률이 저조해요" 하며 울상을 짓는다. 해결책은 없을까?

인사팀의 역할 중 가장 중요한 것으로 '인재육성'을 꼽는다. 이는 대부분 CEO의 관심사항이기도 하다. 지금까지는 회사에 입사한 사람을

● 일부 회사는 봉사활동을 포함한 CSR, 사회공헌 업무를 하나로 묶어 대외업무로 구분한다. 대외업무에는 IR, PR, CSR 활동을 탑재시킨다.

중심으로 인재를 육성했다면, 앞으로는 인재육성의 대상을 장차 입사할 사람으로까지 점점 확대해 나가야 한다. 굳이 우리 회사에 입사하지 않더라도, 특정 시장에서 특정 기능을 수행할 인력이 필요하면 이러한 인력도 양성할 필요가 있다. 이러한 인재육성 트렌드는 결국 사회기여로 연결된다.

베푸는 자원봉사에서 채우는 자원봉사로

룩소티카 업에 대한 자부심을 키워주는 재능기부

왜 플라스틱과 렌즈로 구성된 안경 가격이 아이폰 가격만큼 비싸야만 할까? 이 의문이 와비파커를 탄생시킨 계기가 됐음은 앞서 설명한 바 있다.

왜 비쌀까? 답은 예상치 못한 곳에서 나온다. 룩소티카Luxottica가 안경시장을 거의 독점하고 있기 때문이다. 1961년 이탈리아에서 창업한 룩소티카는 2015년 말 기준 매출액 10조 원이 넘는 거대기업으로 성장했다. 세계 40여 개국에서 7만 명이 넘는 직원이 일하고 있다. 룩소티카의 시장점유율을 보면 입이 쩍 벌어진다. 무려 80%. 안경 쓴 사람 10명 중

8명이 룩소티카 안경을 쓰고 있다는 말이다.

룩소티카는 레이밴, 오클리 등 10개의 자사 브랜드는 물론 아르마니, 불가리, 프라다, 샤넬 등 라이센스 브랜드까지 총 30여 개의 아이웨어eyeware 브랜드 제품을 생산하고 있다. 제품라인만 다양한 것이 아니다. 유통을 확보해야 고객이 원하는 제품을 만들 수 있다는 신념에 따라 인수합병을 통해 유통 분야도 장악했다. 1974년 이탈리아 유통회사인 스카로네Scarrone를, 1995년에는 미국 유통업체인 렌즈크래프터스LensCrafters를 인수했다. 룩소티카는 렌즈크래프터스를 사들이는 과정에서 사회공헌에 관련된 흥미로운 사실을 발견한다.

1983년에 설립된 렌즈크래프터스는 일찌감치 사회공헌에 관심을 가졌다. 설립 5년째를 맞아 '밝은 세상 선물하기Giving the Gift of Sight'라는 프로그램을 시작했다. 무료로 시력을 검사해주고 안경을 맞춰줬다. 하다 보니 굳이 새 안경일 필요는 없었다. 중고안경 재활용은 환경문제 해결에도 도움이 되는 일이다. 1990년부터 미국 내 모든 매장에서 중고안경을 수거하는 프로그램을 추가하기도 했다. 캠페인의 호소문도 감동적이었다.

"당신의 낡은 안경과 선글라스를 기부해주세요. 그러면 렌즈크래프터스가 펼치는 사명을 계속을 이어갈 수 있습니다. 이를 통해 생애 최초로 안경을 접해보는 사람도 많습니다."

룩소티카의 경영진 또한 렌즈크래프터스의 사회공헌 활동에 매력을 느끼고 힘을 실어주기 위해 노력했다. 회사를 인수한 1995년부터 두 대의 비전 밴mobile vison van을 운영하기 시작했다. 의사가 의료버스를 타고 낙후지역을 방문하는 것과 유사한 모델이다. 1996년부터는 볼리비아, 에콰도르, 태국 등 전 세계 40여 개국에서 같은 활동을 펼치고 있다.

2008년 룩소티카 그룹은 좀 더 적극적으로 이 사업을 확장시킨다. 밝은 세상 선물하기를 포함해 이와 비슷한 성격의 활동 3가지를 합쳐서 '원사이트OneSight'라는 프로그램으로 통합한다. 아울러 산하에 있는 다른 계열사들도 참여할 수 있는 통로를 개설했다. 1988년부터 지금까지 41개국, 900만 명이 도움을 받았다.

안경점 매장에서 근무하는 검안사는 스스로를 안경을 '판매'하는 판매원이라고 여긴다. 이들이 봉사활동을 다녀오면 어떨까? 기부받은 중고안경을 들고 아프리카로 향한다. 초점이 잘 안 맞는 사람들의 시력을 재고, 측정된 시력에 맞는 안경을 건네준다. 이 경험을 통해 검안사들은 안경을 파는 것보다 제대로 시력을 측정하는 것이 훨씬 중요하다는 사실을 깨닫는다. 그렇지 않은가? 아무리 선글라스가 멋지면 뭘 하나. 내 시력에 맞지 않으면 그림의 떡일 뿐인데….

시력을 측정하는 것은 검안사의 전문영역이다. 재능기부를 통해 검안사들은 본인이 갖고 있는 재능에 감사함을 느낀다. 봉사활동 기간이

① 태국의 원사이트 활동. 원사이트 프로그램은 40여 개국에서 진행되고 있다.
② 원사이트의 비전밴

끝나고 매장으로 복귀한 검안사들은 이제 더 이상 안경을 '판매'하는 사람이 아니다. 시력이 나빠 고통받는 사람의 시력을 측정하고, 그들의 일상생활이 편하도록 도와주는 사람이다. 자신의 '업'에 긍지와 보람을 느끼게 된다. 이는 곧 매장의 분위기를 바꾸게 된다.

IBM 자발적인 참여를 끌어내는 법

'전문성'이란 관점에서 렌즈크래프터스의 봉사활동을 살펴봤다. 하지만 봉사활동이라고 하면 역시 IBM이다. 그들의 활동을 조목조목 뜯어보면 벤치마킹할 요소가 정말 많다.

IBM은 2008년부터 기업봉사단Corporate Service Corps을 운영하고 있다. 첫해에는 100명 정도로 출발해서 지금은 매년 500명을 선발한다. 그간

3000명이 넘는 인력이 275개의 팀을 이뤄 40개국에서 봉사활동을 해왔다. 한 팀은 대개 8~15명 정도로 이뤄지는데, 한 개의 팀이 여러 개의 프로젝트를 수행하는 경우도 있어서 프로젝트를 기준으로 하면 지금까지 완료된 것만 따져도 1000개가 넘는다. 봉사단이 활동한 시간을 달러로 환산하면 7000만 달러에 달한다.

이들은 어떤 일을 할까? 전 세계 각지에서 'IBM이라면 해결해줄 수 있을 것 같다'는 문제를 해결한다. 베트남 다낭 시는 중소기업을 유치하고 싶어했다. 그러나 어떻게 전략을 짜면 좋을지 아이디어가 없었다. IBM에 요청했고 기업봉사단이 투입돼 기업 유치 전략을 짜줬다. 탄자니아는 아프리카 동부 쪽에 위치한 도시가 관광시장으로 급격히 성장하는 중이란 사실을 확인했다. 어떻게 하면 좋을지 IBM에 물었다. 기업봉사단은 관광지에 필요한 여러 기술을 탄자니아에 맞춰 신규 개발해줬다.

IBM 기업봉사단은 3가지 혜택을 주는 프로그램이다. 첫째 현지 지역사회 문제 해결, 둘째 임직원 리더십 함양, 셋째 비즈니스 발굴이다.

프로그램 멤버로 선발되면 6개월간 봉사활동을 한다. 먼저 봉사하고 싶은 지역을 선정한다. IBM이 도움을 줄 수 있는 곳이라면 어디라도 좋다. 처음 석 달간은 전임자의 활동사항, 추후 개선사항 등을 공부한다. 그리고 한 달은 현지에서 활동한다. 눈코 뜰 새 없이 시간은 흘러

간다. 아쉬움이 남겠지만 추가로 해야 할 일 등을 결과보고서에 기록한다. 남은 두 달은 정리기간이다. 비슷한 관심사나 문제의식을 가진 사람들이 모이기 때문에 담당자가 6개월 마다 교체된다 해도 프로젝트 진행에는 문제가 없다.

이런 식으로 개선계획을 수립하다 보면 수질관리, 재난방지 등 사회공헌과 연결된 새로운 비즈니스 모델이 발굴된다. 이러한 봉사활동을 통해 IBM 임직원은 자부심을 느낀다. 회사에 대한 충성심도 높아진다. 이는 이직률 감소에 긍정적으로 작용한다. CSR에 관심 많은 젊은 인재의 유입 가능성도 높아진다. 사회공헌에 따른 명성의 증대는 굳이 얘기할 필요가 없을 것이다.

IBM은 자사의 기업봉사단을 미국 케네디 대통령이 1961년 만든 평화봉사단Peace Corps의 기업판이라고 자부한다. 평화봉사단의 활동목표는 개도국의 교육과 농업, 기술향상 및 보건위생 상태개선, 지역개발 등인데 오늘날 IBM 기업봉사단의 목표와도 크게 다르지 않다.

좋은 제도는 외부에서 벤치마킹한다. 실리콘 제조업체 다우코닝Dow Corning Co.은 2010년 9월 시민봉사단Citizen Service Corps을 창설했다. 현지 봉사기간 1개월, 현지 조직과 협력, 지속가능성에 대한 고려 등 IBM의 모델을 많이 참고했다. 다국적 제약회사 노바티스Novartis도 국제적 봉사활동 조직을 만들었고, 특송업체 페덱스Fedex도 IBM에 사원을 보내 실시 방법에 대한 노하우를 익혔다.

2016년 IBM은 건강봉사단Health Corps이라는 새로운 봉사활동을 추가했다. 기업봉사단을 운영하면서 특히 건강관련 사항이 시급한 해결과제로 대두됨을 몸소 체험한 것이다. 구체적으로 어떤 문제의 해결을 원할까? 의료 서비스에 대한 접근성 부족, 의료 및 치료를 위한 시설 및 시스템 부재, 안전하지 않은 물과 주거, 미비한 공중위생, 영양 및 신체활동 부족이 손꼽힌다.

흥미로운 점은 이러한 이슈가 개도국만의 문제가 아니라는 점이다. 선진국에서도 관련 이슈에 대한 문제가 산적해 있다. 실제 IBM 기업봉사단의 과제 목록을 살펴보자. 그 중에는 가나 보건부와 협력해 HIV 감염을 줄이기 위한 건강 DB시스템을 구축하고 예측 분석 모델을 개발하는 과제가 있는가하면, 미국 앨라배마 주 버밍햄 시민들이 영양가 높은 음식에 좀 더 쉽게 다가갈 수 있도록 도와주는 프로젝트도 있었다.

IBM의 건강봉사단은 어떤 활동을 할까? IBM의 데이터 분석역량을 활용해 미국 암협회American Cancer Society와 제휴를 맺고 개도국에서 암치료율이 낮은 이유에 대해 공동으로 연구하는 등 5개의 프로젝트를 우선적으로 실시하고 있다. 프로젝트별로 5~6명의 글로벌 인재가 3주간 협력업체에 파견해 작업한다. IBM의 의료컨설팅, 데이터 분석, 인지 컴퓨팅 역량을 무상으로 제공하는 셈인데, 금액으로 환산하면 250만 달러에 달한다고 한다. 물론 이 과정을 통해 IBM은 새로운 비즈니스 모델을 창출할 수도 있을 것이다.

모든 기업의 임직원이 자원봉사에 열심인 것은 아니다. 참여도가 높지 않은 기업의 경우 설문조사를 실시해보았다. 첫 번째 문항, 당신은 봉사활동이 필요하다고 느끼는가? 90% 이상이 그렇다고 대답한다. 두 번째 문항, 당신은 봉사활동에 참여하겠는가? 그렇다는 답변은 50%를 넘지 못한다. 필요성은 느끼지만 정작 자신이 참여하지 못하는 이유는 무엇일까? 바빠서, 상사의 눈치를 봐야 하기 때문에, 팀 분위기가 야근을 선호해서 등 다양한 이유가 나온다. 나는 못하더라도 누군가가 해줬으면 좋겠다는 것이 대세임에 틀림없다.

기업에서는 어떤 포지셔닝을 취하는 게 좋을까? 최소한 한 번은 의무적으로 기업이 정한 자원봉사에 직원들이 참석하도록 하는 방안을 추천한다. 신입사원이나 경력사원 입사 시에 반나절 정도 체험 프로그램으로 꾸미면 큰 부담 없이 자원봉사를 경험해볼 수 있다. 봉사활동을 해보면 이러한 활동이 천성적으로 맞는 사람이 있다. 그렇다면 계속할 수 있도록 기회를 제공해주는 것이 좋다. 더 많은 수의 사람은 "어쩌다 한 번은 가겠지만, 정기적으로 가는 것은 부담스럽다"고 표현한다. 그런 사람은 한 번의 참가로 족하다.

참여율을 높이기 위한 조치를 취하다보면, 진정성을 갖고 참여하고자 하는 조직원의 의도를 꺾는 경우도 발생한다. 주의가 필요하다.

예를 들면 이런 것이다. 2001년 보스턴 소방본부는 기존에 일수 제한 없이 유급으로 사용하던 병가를 15일로 제한한다는 방침을 발표했다. 무제한 유급으로 병가를 악용하는 사례를 막기 위한 조치였다. 당연히 병가일수가 줄어들 것으로 생각했다. 하지만 결과는 그렇지 않았다. 병가신청이 오히려 10배나 증가했다. 왜 이런 현상이 발생했을까? 대부분의 소방관들은 국가와 국민의 안전을 위해서 봉사한다는 자부심으로 가득 차 있다. 아프거나 다쳐도 죽을 정도가 아니면 그냥 참고 출근한다. 이른바 사명감이 충만한 사람들이다. 그런데 새로운 규정에서는 15일간의 병가일수를 명시했다. 이것이 '15일간은 병가를 내도 된다'라는 신호로 작용했다. 헌신하고 있다는 사명감. 이를 사회규범social norm이라고 부른다. 인간의 사회적 본성으로서 이타심, 온정에 근거한 행동이 여기에 해당된다. 여기에 반대되는 개념이 시장규범market norm 이다. 임금, 가격, 집세처럼 양자 간에 주고받는 게 명확하다.

이전에 소방관들은 사회규범에 의거해서 생활해왔다. 그런데 15일 이라는 숫자로 인해 사회규범이 시장규범으로 대체됐다. 한번 시장규범이 자리잡게 되면, 다시 사회규범으로 돌아오기는 쉽지 않다.

이와 유사한 흥미로운 실험이 미국퇴직자협회AARP에서 변호사를 대상으로 실시됐다. 퇴직자협회는 생활이 힘든 퇴직자를 위해 시간당 30달러라는 저렴한 비용으로 법률 서비스를 제공해달라고 요청했다. 거래는 성사되지 않았다. 이번에는 생활이 힘든 퇴직자를 위해 무료로 법률 서비스를 제공해달라고 요청했다. 여기에 상당수의 변호사가 응했다. 왜 30달러는 거절하고, 무료는 응했을까? 30달러는 시장규범이 작동한 것이고, 무료는 사회규범이 작동했기 때문이다.

참여를 강요하는 대신 참여에 따른 자긍심을 고취시키는 것도 참여율을 높이는 좋은 방법이다. 봉사활동에 참여하지 않으면 불이익을 준다는 신호를 직간접적으로 보내는 기업이 있다. 이는 일시적으로는 참여율을 높일 수 있을 지라도 효과가 오래 가지도 않을 뿐더러, 조직 분위기를 경직시킨다. 봉사활동의 진정성도 훼손된다.

디즈니 비즈니스와 연계한 참여형 자원봉사 전략

잠시 2009년으로 거슬러 올라가보자. 당시 미국 44대 대통령으로 선출된 오바마는 취임식 전날에도 봉사활동을 위해 팔을 걷어붙였다. 공교롭게도 이 날은 마틴 루터 킹 기념일(매년 1월 셋째 주 월요일)이었다. 취임을 앞둔 오바마는 "모든 사람은 봉사할 수 있어서 위대하다"는 킹 목사의 말을 인용하기도 했다. 노숙인과 가출 청소년의 쉼터를 찾아간 오바마가 롤러를 들고 환하게 웃으며 페인트칠하는 모습이 사진에 찍혔다. 오바마는 당선 직후부터 봉사활동을 강조한 것으로 유명하다. 각종 자원봉사 프로그램의 신설, 자원봉사 참가 학생의 등록금에 대한 세액공제 등의 실천방안을 내놓기도 했다.

그해 가을 디즈니는 흥미로운 사회공헌 활동을 기획한다. '하루를 봉사활동에 써주세요. 그러면 디즈니 파크 하루 입장권을 드리겠습니다Give a Day, Get a Disney Day'라는 프로그램이다.

2010년 1월부터 신청을 받아 총 100만 명에게 디즈니 파크의 방문기회를 주기로 계획했다. 참여방법도 최대한 단순하게 만들었다. 그래야 많은 사람이 참여하지 않겠는가. 사이트에 접속해서 자신이 거주하는 도시나 우편번호를 입력한다. 그러면 그 지역에서 참여가 가능한 자원봉사활동 리스트가 뜬다. 검색해보고 날짜, 지역, 분야 등을 고려해서 신청을 한다. 그다음엔 그 날짜에 참석해서 봉사활동을 한다. 신청자가 할 일은 거기까지다. 그다음은 관련기관이 자원봉사 참여 사실을 디즈니 파크에 알린다. 디즈니 파크는 입장권을 자원봉사자들에게 메일로 발송한다. 자기 동네에서 어떤 자원봉사가 가능한지 어떻게 알 수 있을까? 이를 위해 디즈니는 미국 전역에 250개 자원봉사 단체가 있는 핸즈온 네트워크HandsOn Network와 손을 잡았다. 폭발적인 참여가 이어졌다. 자원봉사자 100만 명 목표를 달성하는 데 10주밖에 걸리지 않았다.

디즈니의 'Give a Day, Get a Disney Day' 프로그램

　이 행사가 어떤 영향을 미쳤을까? 지역주민의 자원봉사 참여율이 높아졌다. 지역사회와 주민과의 관계가 돈독해진 셈이다. 봉사활동을 하고 나면 몸은 피곤해도 기분은 좋아진다. 행복감이 온몸을 감싼다. 그만큼 지역주민이 행복해졌다. 자원봉사 단체는 환경이 열악하고 일손도 많이 필요하다. 그들을 도와줬다.

　디즈니가 얻은 것은 무엇일까? 잠재적 소비자를 확보했다. 자원봉사자들이 디즈니 파크를 방문하면 밥을 먹건, 기념품을 사건 돈을 쓰기 마련이다. 게다가 공짜로 입장했다는 심리적 즐거움이 더해지면서 지갑을 더 쉽게 연다. 매출과 수익이 동시에 올라간다.

들여다보면 볼수록 절묘하다. 행사가 기획된 시기도 그렇다. 오바마가 자원봉사를 강조하건 그렇지 않건, 당시 미국은 금융위기의 여파로 경기가 침체된 상황이었다. 자원봉사도 여유가 있어야 하는 모양이다. 여기저기 단체에서 자원봉사의 손길이 필요했다. 적절한 시기에 좋은 사회공헌 행사를 기획한 것이다.

디즈니 파크 입장료는 만만치 않다. 2017년 봄 기준으로 일일 입장료가 비수기 97달러, 성수기 124달러다. 사실 봉사활동을 하면서 돈을 생각하면 안 된다. 어설프게 금전적 이득을 제공하려고 했다가는 오히려 욕만 먹는다. 하지만 100달러는 꽤 큰돈이다. 4인 가족이 디즈니를 방문하려면 50만 원 이상 든다. 경제가 어려워서 갈 엄두도 안 난다. '가족 전체가 봉사활동 한 번 하고 기분 좋게 디즈니에 가볼까?'라는 생각이 가장의 머릿속에 떠오르도록 만든 것이다. 리조트 산업에 종사하고 있다면 비슷한 모델에 대해 고민할 필요가 있을 듯하다.

맞춤 인재를 길러내는
사회공헌형 취업 교육

코카콜라 빈민촌을 바꾼 자활 프로그램

자원봉사활동을 다양한 각도에서 살펴봤다. 이제 지역 커뮤니티의 인재육성 사례를 살펴보자.

먼저 코카콜라다. 코카콜라는 콜라 외에도 다양한 상품군을 보유하고 있다. 각종 과일 음료 및 비타민워터, 생수 등을 포함하면 브랜드 수가 20개가 넘는다. 전 세계 200여 개국에 진출한 거대 기업이다. 코카콜라는 특히 브라질에 관심이 많은데, 매출액 기준으로 미국, 멕시코, 중국에 이어 네 번째로 큰 시장이기 때문이다. 매출액이 큰 만큼 광고도 많이 하고 유통망 관리도 철저히 해왔다.

2009년초 코카콜라는 브라질의 빈민촌 파벨라Favela(슬럼을 뜻하는 포르투갈어)에 주목하기 시작했다. 2010년 브라질 국립지리통계원의 자료에 따르면 전체 인구의 6%가 파벨라 지역에 산다고 한다. 브라질 전체 인구가 2억 명이 넘으니 최소한 1200만 명이 이곳에 거주하고 있는 셈이다. 코카콜라는 이들을 신규시장으로 편입시키겠다는 전략을 수립하고 마케팅 활동을 펼쳤다. 파벨라 지역에 신규 판매망을 구축하고, 무료 시음회와 같은 캠페인을 실시했다. 그런데 별 효과가 없었다. 왜 효과가 없는지 찾아야 했다.

파벨라 지역이 브라질 다른 지역과 어떤 점이 다른지 파악했다. 우선 이 지역은 소매유통망이 약했다. 지역 주민들의 교육수준이 매우 낮았고 젊은 층의 실업률이 높았다. 코카콜라는 파벨라 지역의 소득수준을 향상시킬 수 있다면 매출이 늘어날 것이라는 확신이 섰다. 그래서 파벨라 지역에 사는 15~25세의 미취업 청년들을 중심으로 소매유통관련 교육을 시키는 프로그램을 구상했다. 이것이 '콜레티보 리테일Coletivo Retail'이라는 프로그램의 시작이다. 2009년말 시범적으로 상파울루 주변에서 프로그램을 실시했다.

당초에는 소매활동이 무엇인지, 어떻게 해야 판매를 잘하는 것인지 위주로 프로그램을 짰다. 막상 프로그램을 돌려보니 젊은이들에게 더욱 필요한 것은 자존감 증진과 동기부여라는 사실이 확인됐다. 프로그램을 수정하면서 대상지역을 확대해 나갔다.

이 프로그램은 두 달간 실시된다. 프로그램은 상거래 관련 교육과 자부심 고양 관련 교육으로 진행된다. 취업을 하기 위해서는 인터뷰도 잘해야 하고 자기 자신에 대한 프레젠테이션도 능숙하게 해야 한다. 인터뷰 요령 및 프레젠테이션 기술도 교육과정에 포함시켰다. 현장교육도 빠트려선 안 된다. 이를 위해 기존 코카콜라 유통망을 활용했다. 대상자들을 인턴사원으로 근무하게 하는 개념이다. 맥도널드와 같은 대기업도 코카콜라의 진정성을 이해하고 프로그램에 함께 참여했다. 교육 수료생 중 일부는 종업원으로 고용하겠다는 약속까지 했다. 교육 대상자 선발은 현지 니즈에 정통한 지방정부와 NGO에게 요청했다. 그들은 대상자 선발은 물론이고 교육 장소까지 제공해주는 편의를 베풀었다.

2013년말을 기준으로 총 6만 명이 코카콜라의 프로그램을 수료했다. 이들 중 프로그램을 수료한 지 6개월 이내에 30%가 취업하는 데 성공했고, 이들의 가계 소득은 평균 50% 증가했다. 수료자의 10%는 코카콜라로부터 소액의 자금 대출을 받아 소규모 유통사업을 시작했다. 프로그램 참가자의 70%가 여성이라는 점도 인상적이다. 여성의 사회적 지위를 그만큼 향상시켰다는 평가를 받았다.

P-TECH 저소득층의 희망이 된 기업 주도 이공계학교

교육은 개도국에만 유효한 개념이 아니다. 브라질에 이어 미국으로 건너가보자.

미국은 1인당 국민소득이 4만 달러가 넘는 나라다. 그러나 1인당 국민소득이 높다고 다들 잘사는 건 아니다. 평균과 분산은 다른 이야기이기 때문이다.

미국인 간의 생활수준 격차는 상상을 초월한다. 부모가 가난하면 자식에게 교육을 시킬 여력이 없다. 교육받지 못한 자녀는 좋은 직장을 갖기 힘들다. 가난이 대물림된다. 2012년 빈곤율에 관한 미국 통계국의 조사결과를 살펴보자. 전문대졸 이상은 5%, 고졸은 14%, 고졸 미만의 학력자는 28%가 빈곤한 생활을 영위하는 것으로 나타났다.

앞으로 4차 산업혁명의 여파로 많은 직업이 사라지고 적지 않은 직업이 새로 탄생할 것이라는 전망이 많다. 향후 10년간 새로 탄생할 일의 질반은 중숙련기술Middle Skills 보유자에서 나올 것으로 본다. 이들은 고졸 수준보다는 더 많은 교육과 훈련을 필요로 하지만, 4년제 대학 학위까지는 필요 없는 적절한 역량의 전문가를 지칭한다.

이러한 변화의 흐름을 살펴보면 '저소득 계층에게 중숙련 기술을 습득할 수 있는 전문대 졸업 수준의 교육기회 제공'이 미국 내 빈부격차 해소를 위한 하나의 방법임을 알 수 있다.

이를 인지하고 최초로 관련 교육을 시작한 기업이 IBM이다. IBM은 2011년 P-TECHPathways in Technology Early College High School라는 교육 프로그램을 개발해 오바마 전 미국 대통령으로부터 극찬을 받은 바 있다. 이 프로그램의 핵심은 IBM이 뉴욕 시, 뉴욕시립대 등과 함께 브룩클린에 설립한 6년 과정의 공립학교다. 브룩클린 지역에 사는 가난한 청소년들은 누구든 입학해 고등학교와 전문대 과정에 해당하는 수업을 들을 수 있다. 학교에서는 이공계 인력 양성을 목적으로 현장에서 필요한 내용을 중심으로 가르친다.

조목조목 분석해보자. P-TECH는 전통적인 교육과정의 문제점을 해결했다. 기존 교육과정은 어떤 문제가 있는가. 수업 내용이 학생들의 향후 커리어와 어떻게 연결되는지에 대한 명확한 답을 주지 못했다. 공부를 열심히 해야 하는 동기가 그만큼 떨어졌다. P-TECH는 이러한 점을 염두에 두고 커리큘럼을 구상했다. 고등학교 과정에서 배우는 내용은 자연스럽게 전문대 과정과 연결된다. 전문대에서 배우는 내용 또한 엔지니어링 분야, IT 분야 등 취업과 밀접한 관계가 있다. 학생들이 열심히 공부할 동기부여 요소를 장착하고 있는 셈이다.

미국 입장에서는 IT와 공학 분야의 전문가 육성이 시급하다. 이를 위해 고교과정에서는 과학Science, 기술Technology, 공학Engineering, 수학Mathematics을 일컫는 '스템STEM'을 강조한다. 이 분야의 기술은 상당히 중요함에도 불구하고 미국 어린이나 청소년층의 지식은 다른 나라에 비해 뒤처져 있다고 미국 정부는 판단한다. 과학인재 육성전략은 미국의 국가전략으로서 위상을 지니는데, 그 첫 단계가 스템 교육 강화인 것이다. 이 일을 P-TECH가 하겠다고 나섰으니 미국정부 입장에서는 박수칠 일임에 틀림없다.

P-TECH는 저소득층 밀집지역에 건립됐다. 저소득층이 몰려 있는 지역의 공립학교는 교육수준도 낮고 학업에 대한 열의도 적다. 대다수

P-TECH는 저소득층 자녀의 교육과 기업이 필요로 하는 인재 양성이라는 두 마리 토끼를 잡은 모델로 주목받고 있다.

① 오바마 전 미국 대통령이 P-TECH를 방문한 모습
② 뉴욕 시, IBM, 뉴욕시립대 등의 지원으로 설립된 P-TECH 뉴욕.

학생들이 건성으로 학교를 다닌다. 학생의 중도 탈락률이 매우 높을 뿐더러 범죄의 유혹에 빠지기 쉽다.

P-TECH도 공립학교다. 입학시험도 없고 수업료도 없다. 면접과 적성검사로 입학생을 뽑는다. 그렇지만 학생들이 학업에 임하는 자세가 다르다. 공립이지만 전문대 과정까지 함께 가르친다. 고등학교에 입학하는 순간 대학생의 길까지 보장돼 있는 셈이다. 게다가 본인만 잘하면 IBM에 입사할 수도 있다. 이 학교의 출석률은 무려 94%에 달한다.

현장 중심 교육, 특히 멘토가 배치된다는 점도 강력한 매력 포인트다. IBM 직원은 당연하고 뉴욕에 직장을 갖고 있는 IT기업 직원들도 멘토로 참가할 수 있도록 문을 열어놓았다. P-TECH 학생들은 이들로부터 현장의 살아 있는 정보와 기술, 노하우를 전수받는다. 졸업 후 현장에 즉시 투입될 수 있는 인력으로 육성된다는 점에서 기업에서도 P-TECH 졸업생들을 환영하고 있다.

P-TECH에 관해 IBM은 명확한 철학을 갖고 있다. 시작은 IBM이 했지만 자사의 소유물이라고 생각하지는 않는다. 유사한 사회공헌을 펼치고 싶은 기업과는 언제라도 정보를 공유할 준비가 돼 있다. 그간의 시행착오, 운영 노하우를 자세히 기술해 웹 사이트에 올려놓았다.

그러자 이를 벤치마킹하는 기업이 여럿 나타났다. 버라이즌Verizon, 마이크로소프트 등 다른 기업들도 P-TECH 프로그램에 동참하고 있다.

시카고 등 다른 지역으로도 자연스럽게 확산되면서, 2016년 가을 기준으로 60개 학교가 P-TECH 형식으로 운영 중이다. 다양한 업종의 기업이 진입함에 따라 전공 분야 또한 넓어지고 있다. 컴퓨터공학, 기계공학 위주에서 헬스케어, 에너지공학 등 여러 분야의 인재가 육성되고 있다.

이 모델을 미국 내에 국한시킬 필요는 없다. P-TECH의 효과가 검증됐고, 많은 곳에서 따라하고 있다면 다른 국가로의 확산도 생각해볼 수 있다. 일단은 같은 영어권이 테스트해보기 편할 것이다. 2016년 1월 호주에서 2개의 P-TECH 과정이 문을 열어 좋은 평판을 얻고 있다. 프로그램에 참여하려는 학교가 점진적으로 늘어나는 추세다.

2011년 가을에 입학한 학생들이 2017년 여름이면 졸업을 맞이한다. 6년 과정을 마친 첫 졸업생의 인생행로가 어떻게 전개될지 궁금하다.

분석 사다리 놓아주기

일자리 제공은 지역의 소득수준을 향상시키는 매우 중요한 수단이다. 취업교육을 하더라도 일자리 제공까지 연결되지 않는다면 활동의 의미는 반감된다. 그런 점에서 코카콜라 취업교육 수료생 중 30%가 취업했다는 것은 대단한 성과다.

거꾸로 자사 제품 유통망을 강화시키기 위한 전략과 일자리 창출을 연결시키기도 한다. 앞서 인도에서 손씻기 캠페인을 주도한 회사인 HUL의 이야기에 주목해보자. 2001년 HUL은 '샥티Shakti(힌디어로 힘, 에너지를 뜻함)'를 론칭한다. 이 프로젝트는 HUL의 농촌지역 진출이 계기가 됐다. 그 전까지 HUL의 타깃은 주로 대도시와 중견도시의 소비자였다. 주 타깃 지역의 성장이 정체되자 농촌으로 눈길을 돌린 것이다. 안타깝게도 유통망이 없었다. 대도시에는 백화점, 슈퍼마켓 등 유통망이 잘 정비돼 있었다. 2급 도시도 규모만 작을 뿐 유통망이 존재했다. 시골에는 그런 것이 전혀 없었다.

고민 끝에 HUL은 우리나라의 '야쿠르트 아줌마'와 비슷한 여성 판매원 조직 '샥티 암마(Shakti Amma, 영어로 Power Mom을 뜻함)'를 만들었다. 인구 2000명 미만의 소규모 시골에 거주하는 여성을 유통거점으로 삼기로 한 것이다. 이들에게 소액대출 형태로 상품판매 대금을 지원하고 교육기회를 제공했다. 이들은 금방 지식을 습득했고 잘 적응해나갔다. 2013년 기준 6만 5000명의 샥티 암마가 존재할 정도로 규모가 커졌다.

인도에서 여성은 바깥활동이 금기시 된다. 시골일수록 더 심하다. 그런데 샥티 프로젝트로 시골 여성이 경제활동을 시작하자 시골의 경제력이 올라가기 시작했다. 아울러 그만큼 인도의 GDP도 올라갔다. 자신의 시장을 확대하려던 HUL의 목적이 인도 사회발전에도 기여를 한 것이다. HUL 입장에서는 없던 유통망이 생겼으니 매출이 올라간다. 손해보고 팔지 않으니 이익도 올라간다.

한 가지 활동을 통해 사회적 편익과 경제적 편익을 동시에 추구하는 것. 이를 CSV Creating Shared Value(공유가치창출)라고 한다. CSV의 주창자인 포터 교수의 눈에 이 사례가 포착됐다. 그는 "기업의 고유한 역량을 활용해 시장에서 소외됐던 소비자의 요구를 들어주고 제품을 간절히 필요로 하는 사람들에게 인생을 바꿔줄 제품을 제공한" 대표적 사례로 샥티를 칭찬한 바 있다. 그러면서 "2011년 기준으로 인도 매출의 5%를 차지하는 샥티 프로젝트는 매체의 영향력이 닿지 않는 곳에서 브랜드 인지도를 제고하는 효과까지 냄으로써 기업에 엄청난 경제 가치를 안겨주고 있다"고 덧붙였다.

인도에서의 성공을 바탕으로 HUL은 방글라데시, 스리랑카, 베트남으로도 같은 모델을 확산하고 있다. 개도국으로 갈수록 여성의 사회적 지위가 낮기 때문에 많은 글로벌 기업들이 샥티 모델을 따라하고 있다. 방글라데시에서 그라민다논 요구르트 유통을 담당했던 그라민 레이디도 결국 샥티와 같은 모델이다.

샥티 모델이건 콜레티보 모델이건 대부분의 교육기간은 두 달을 넘지 않는다. IBM의 P-TECH 모델은 무려 6년간 지속적인 교육을 실시한다는 점에서 기존 모델들과 차별화된다. 이전까지는 아무도 생각하지 못했던 그림이다. 2013년 가을 오바마는 P-TECH를 깜짝 방문했다. 학생은 물론 교직원들도 놀람의 환호성과 함께 그를 둘러쌌다. 즉석연설이 이루어졌다. 미리 원고가 준비됐는지 여부는 알 수 없다. 하지만 확실한 메시지를 청중들에게 들려줬다.

"여러분은 이제 중산층으로 도약할 티켓을 거머쥐었습니다."

교육이야말로 빈곤의 대물림을 끊을 수 있는 유일한 길임을 알려준 것이다.

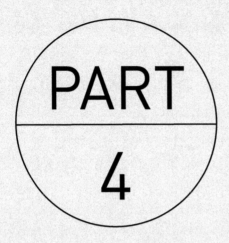

PART

4

4차 산업혁명 시대,
진화하는 사회공헌 모델

4차 산업혁명에 대한 관심이 뜨겁다. 2016년초 다보스 포럼에서 클라우스 슈밥이 4차 산업혁명을 다뤘을 때만 해도 이렇게 큰 반향을 일으킬지 생각했을까? 국내에 국한된 이야기라는 평도 있지만 4차 산업혁명에 관한 서적, 강의, 동영상이 끝도 없이 쏟아져나온다. 세상을 바꾸는 기술임에는 틀림없는 모양이다.

4차 산업혁명이 세상을 바꾼다면 사회에 기여하는 방식도 바꿀 것이다. 누군가를 돕는다고 할 때 제일 먼저 고민해야 할 부분이 '대상'과 '방법'이다. 4차 산업혁명 등 정보기술의 발달은 그만큼 돕는 방법을 쉽고, 재밌으며, 흥미롭게 만든다. 어떻게 돕는 방법이 진화하고 있는지 대상별로 살펴보자. 지금부터 살펴볼 사례는 스타트업, NGO의 활동이 섞여 있다. 지금까지 살펴본 기업 사례와는 성격이 조금 다르다는 점을 밝혀둔다.

01

우리의 업과
연계하라

    기업이 사회에 기여하는 가장 대표적이면서도 직접적인 방법은 사회공헌 활동이다.

    그런데 사회봉사 활동과 사회공헌 활동은 엄연히 다르다. 사회봉사는 임직원 개인이, 원하는 분야에서, 근무시간 외에 자발적으로 하는 활동을 말한다. 사회공헌은 기업 전체가, 사회가 필요로 하는 분야(또는 아이템)에 대해, 기업의 자원(조직력, 자금력, 브랜드력, 사업역량 등)을 활용하는 활동을 말한다. 임직원 개인의 자원봉사도 물론 의미가 있다. 하지만 사회적으로 커다란 임팩트를 주기는 쉽지 않다. 이제는 기업 차원에서 할 수 있는 사회공헌이 무엇인가에 대해 진지하게 고민해야 한다.

    새로운 사회공헌 아이템을 만들건, 기존의 아이템을 재정비하건 우리 회사의 업의 특성을 나타내는 기획이 필요하다. 창업자의 사회공헌 철학이 살아 숨쉬면서, 사회적 니즈가 강한 사회공헌 상품을 개발해야 한다. 외부의 도움도 필요하다. 기술이 필요하면 기술을 가진 기업과 손잡고, NGO의 도움이 필요하면 그들에게 손을 내밀어야 한다. 특히 기업에게 부족한 NGO의 열정과 전문성을 접목시켜야 한다.

핵심 경쟁력과 연관된 분야를 주목하라

"아프리카 난민 돕기에 참여해 주시겠습니까?" "새터민들에게 도움의 손길을 줄 수는 없겠습니까?" 사회공헌에 관심을 보이면 다양한 조직과 기관에서 사회공헌 활동을 제안한다. 모두 뜻깊고 의미 있는 일이다. 도움의 손길이 필요한 곳 가운데 중요치 않은 데가 어디 있으랴. 하지만 모든 곳에 다 도움을 줄 수는 없다. 현실적으로 가능하지도 않고 효율적이지도 않다. 아니다 싶은 곳에는 "그 영역은 우리의 사회공헌 분야가 아닙니다"라고 이야기할 수 있어야 한다.

이때 서운한 소리를 안 들으려면 실제 자기 회사만의 특화된 분야에서 사회공헌 활동을 하고 있어야 한다. 아직 하고 있지 않다면, 이 분야가 향후 우리가 할 분야라고 명확히 선을 그어야 한다.

식당에 비유해보자. 설렁탕집에서는 설렁탕만 찾아야 한다. 다른 음식이라고 해도 도가니탕, 꼬리곰탕, 수육 정도에 국한된다. 설렁탕집에서 샌드위치를 주문한다거나 자장면을 시킨다면 이건 손님에게 문제가 있는 것이다. 마찬가지로 사회공헌도 한 분야에 특화해 집중하고 있다면, 다른 분야에서의 요청은 그만큼 줄어든다. 거절에 따른 미안함도 덩달아 줄어들게 마련이다.

마이클 포터 교수의 주장을 들어보자. 사회공헌 차원에서 탄소 배출 감축을 다룰 수 있다. 이런 활동은 뱅크오브아메리카Bank of America, BOA 같은 은행이 해도 좋고, 건축자재 및 인테리어 도구 판매업체인 홈디포 Home Depot가 해도 좋다. 그런데 거기까지다. 이들 기업은 좋은 일을 하고 있다는 칭찬을 들을 수는 있지만, 탄소배출과 이들 기업의 본연의 활동 간에는 직접적인 연관성이 없다.

그런데 동일한 활동을 UPS가 한다면 어떨까? UPS는 운송이 핵심 사업이다. 탄소 배출 감축은 회사의 본업에 영향을 미치는 사회공헌 활동인 셈이다. 가장 좋은 것은 토요타Toyota 같은 기업이 탄소 배출 감소를 테마로 사회공헌 활동을 펼치는 것이다. 토요타는 1997년부터 하이브리드 자동차인 프리우스를 판매했다. 환경에 좋은 차를 만들기 위해서 열심히 노력하는 회사라는 이미지가 각인돼 있다. 탄소 배출 감축 아이디어는 회사 경쟁력과 직결된다.

에이즈 관련 사회공헌 활동은 어떠한가. 어떤 기업이라도 캠페인을 펼칠 수 있다. 하지만 가령 GSK같은 글로벌 제약회사가 할 때 효과가 큰 것이다. 자신의 본업과 연관이 있기 때문이다. 아프리카에서 광산업을 하는 앵글로아메리칸Anglo American이 하면 어떨까? 에이즈는 당장 현지 근로자의 건강과 직결돼 있는 문제다. 기업 경쟁력에 영향을 미치는 사회이슈인 것이다. 이처럼 포터 교수는 본업과 연계된 사회공헌이 가장 효과적이라고 강조한다.

여기서는 어떤 방식으로 사회공헌 아이템을 설계하는 것이 좋은지 몇몇 사례를 살펴보자.

카처 세계문화유산을 청소하는 회사

카처Kärcher는 독일에 기반한 글로벌 청소장비 기업이다. 2015년 기준으로 매출액 22억 2400만 유로(약 22조 7800억 원), 종업원 수 1만 1000명에 달한다. 카처는 본업이 청소 장비 생산인 만큼 청소 관련 사회공헌 사업을 수행하고 있다. 여기까지는 당연한 얘기다. 특별할 게 없다. 하지만 어디를 청소하는지 살펴보면 눈이 번쩍 뜨인다. 그들은 세계문화유산을 청소하고 있다.

세계문화유산이란 무엇인가. 유네스코가 역사적, 과학적, 예술적 관점에서 세계적 가치를 지니는 건축물, 유적지로 지정한 곳들이다. 대표적으로 우리나라의 종묘를 비롯해 이집트의 피라미드, 그리스의 아크

카처는 독보적인 청소 기계 기술력을 세계문화유산을 유지, 보수하는 데 활용해 브랜드 가치를 높였다.
사진은 러시모어 산의 대통령 조각상을 청소하는 카처 직원들.

로폴리스 등이 여기에 해당한다. 카처는 이런 유산을 청소하는 프로젝트를 개발했다. 1980년 브라질의 리우 예수상 청소가 시발점이었다. 쉽게 출발했던 것은 아니다. 세계문화유산 세척에 대한 허가를 받는 등 준비기간만 2~3년이 소요됐다. 결과는 대성공이었다.

사실 청소기 만드는 회사가 유명해봐야 얼마나 유명하겠는가. 그런데 세계문화유산을 청소한다는 이벤트가 전 세계 언론의 주목을 받으면서 카처의 명성이 단박에 급상승했다. 이집트에 있는 멤논의 거상을 청소할 때에는 "3000년 만에 첫 목욕을 한다"는 언론 표현이 대중의 눈길을 끌었다.

앞 페이지의 사진을 보면 사람 얼굴 모습의 바위에 누군가가 매달려 있다. 그 사람은 양손으로 분무기 같은 것을 잡고 있는데, 그 끝에서 강한 물줄기가 뿜어져 나오고 있다. 카처 직원들이 고압세척기로 러시모어 산Mount Rushmore에 있는 대통령 조각상을 열심히 세척하고 있는 모습이다. 이 장면을 보면 카처가 떠오른다. 혹시 카처라는 회사를 모르더라도 강한 잔상이 남는다.

이처럼 한 장의 그림, 한 컷의 사진으로 표현할 수 있다면 더할 나위 없이 좋다. 그림을 보고 바로 이해하도록 해도 좋고, '이 그림이 뭐지' 하고 독자들이 호기심을 갖고 검색하도록 만들어도 좋다.

DIYDo It Yourself 제품의 대명사인 이케아의 사회공헌도 본업에 뿌리를 두고 있다. 이케아의 강점은 누가 뭐래도 '가성비'다. 가구산업은 배달 및 조립과정에서 큰 비용이 든다. 이케아는 배송과 조립을 소비자가 부담하도록 하면서 북유럽 스타일의 세련된 디자인으로 고객을 유혹하는 비즈니스 모델로 큰 성공을 거두고 있다. 이케아 고객은 기본적으로 직접 매장을 방문해서 제품을 구입한 뒤, 본인의 거실에서 직접 조립해야 한다.

DIY제품이건 아니건 가구가 필요한 곳은 셀 수 없이 많다. 이케아는 난민촌을 주목했다. 2013년 시리아 내전이 한창일 때 이케아는 조립식 난민보호소 개발을 추진하겠다고 발표했다. 이케아는 시험 모델을 공개하면서 '더 나은 쉼터Better Shelter'라고 명명했다(이케아와 함께 일하는 NGO 이름이기도 하다). 지금까지 난민보호소라면 난민 텐트가 전부였다. 말 그대로 텐트 방식이어서 수명도 고작 6개월에 불과했고 난방 등 온도조절 기능이 전무했다. 어쩌면 조립식 가구가 가장 필요한 지역이 난민보호소일 것이다. 소식을 접한 사람들에게 주는 인상은 강렬했다. 아울러 이케아와 조립식 난민보호소의 이미지는 쉽게 연결됐다.

이라크, 에티오피아 등지에서 실제 난민 가족의 테스트를 거쳤다. 그들의 의견을 반영해 제품을 개량해 나갔다. 2년간의 연구 끝에 5평이 조금 넘는 크기의 보호소를 공개했다. 벽 부분은 단단한 단열재로 구성되어 있다. 텐트와는 비교가 안 될 정도다. 5명이 생활할 수 있고, 언제든지 분해 및 조립이 가능한 것이 특징이라고 한다. 최대 수명 3년도 텐트보다 6배나 길다. 4시간이면 조립이 가능하다. 그만큼 쉽게 조립할 수 있다는 말이다. 지붕에 태양광 패널을 장착해 전원을 공급받을 수도 있게 했다.

시세이도 화장기술로 원폭 피해자를 돕다

아시아 최대의 화장품 회사 시세이도Shiseido의 2015년 매출액은 8조 원이 좀 넘는다. 1872년에 설립된 시세이도의 초창기 사업은 서양식 조제약국이었다. 140여 년 전에는 의약품과 화장품의 구분이 명확치 않았다. 창업자의 아들인 후쿠하라 신조 사장이 본격적인 화장품 기업으로 시세이도를 탈바꿈시켜 나갔다. 일본 최초의 향수 '하나츠바키'를 통해 화장품 기업으로서의 자리매김을 굳건히 했다.

1934년 시세이도는 오늘날 뷰티 컨설턴트의 시초인 '미스 시세이도'를 선발했다. 이후 미스 시세이도는 백화점과 전문점이 부상하던 시절에는 '미용부원'이라는 명칭으로, 글로벌화가 한창 진전되던 시절에는 '뷰티 컨설턴트'라는 이름으로 시세이도를 알리는 주역으로 성장해왔다. 2015년에는 89개국에서 2만 명 이상의 뷰티 컨설턴트가 활동했다.

과거 의약품과 화장품이 같은 뿌리에서 나왔다는 점, 뷰티 컨설턴트 운영의 노하우를 갖고 있고 있다는 점을 조합해서 시세이도는 흉터로 고통받는 이들을 위한 새로운 사회공헌 아이템을 만들었다.

1945년 원자폭탄이 일본 히로시마, 나가사키에 떨어졌다. 당시 그 지역 주민들은 원폭 피해로 얼굴을 비롯한 신체에 화상 흔적이 고스란히 남아 고통받고 있었다. 이들의 고통을 덜어주기 위해 시세이도는 연구개발에 매진했고, 그 결과 1956년 스폿커버Spot Cover라는 브랜드로 신제품을 선보였다. 이 제품으로 화장을 하면 흉터가 상당 부분 감춰졌다. 전쟁이 끝났다고 해서 피부문제로 고민하는 사람까지 사라지는 것은 아니다. 오늘날에도 구순열 수술 흔적을 감추길 원하거나 검버섯이 눈에 띄지 않길 원하는 사람은 많다. 기존 화장품 회사의 기술로는 이러한 부분을 완벽하게 감추기 힘들다. 시세이도에는 60년 이상 축적된 '흉터 가리기 기술'이 있다. 시세이도는 1956년 스폿커버를 출시한 이후로도 '삶의 질을 높이는 메이크업 제품Life Quality Makeup' 개발에 계속 노력해 퍼펙트커버Perfect Cover 파운데이션 등 신제품을 내놓고 있다.

2006년 도쿄 긴자에 위치한 시세이도 본사건물에 상담전용 코너를 마련했다. 전문연수를 받은 뷰티 컨설턴트가 얼굴 멍 흔적 제거, 구순열 수술 흔적 제거 등 전공 분야별로 무료 컨설팅을 해준다. 환자만 찾아오는 게 아니다. 시세이도의 사회공헌 활동에 공감하고 동참하려는 거래선과 의료기관도 찾아온다. 이들에게도 화장기술을 전수한 결과 일본 내 380여 곳을 비롯해 중국(상하이, 홍콩)과 대만(타이페이, 카오슝)

에도 동일한 활동이 전개되고 있다.

로손 주차장을 건강 스테이션으로

제조업에는 업종이 존재한다. 자동차, 식품, 의류처럼 말이다. 자동차 회사가 식품안전 관련 사회공헌 활동을 기획한다거나, 식품 회사가 대기오염 감소 관련 사회공헌 활동을 수행한다면 아무래도 어울리지 않는다. 반면 유통업은 다르다. 백화점, 할인점, 편의점 등 업종이 아닌 업태로 구분된다. 업종이 '무엇을 파는지'를 얘기하고 있다면 업태는 '어떻게 파는지'를 설명한다. 따라서 주력 사회공헌 아이템을 선정할 때 업종과의 연계성을 만들기 힘들다. 이처럼 업태로 구분되는 산업에 속한 기업의 경우 보유 자산을 활용한 사회공헌을 기획해보는 것도 방법이다.

로손Lawson은 일본의 대표적인 편의점 프랜차이즈 기업이다. 편의점 업계는 점포 숫자로 순위를 결정하는데, 일본에서 세븐일레븐에 이어 2위를 달리고 있다.

로손은 2013년 10월 새로운 슬로건을 선보였다. 기존의 '동네에서 가장 핫한 스테이션'을 '동네에서 가장 건강한 스테이션'으로 변경한 것이다. 건강에 관한 한 많은 부분을 책임지겠다는 경영진의 의지가 반영됐다. 기존 매장 중에서 일부 매장을 내추럴 로손Natural Lawson이란 이름으로 바꾸고, 제품도 유기농 제품, 신선식품 위주로 새롭게 구성했다. 이 정도는 누구나 생각할 만하다. 보다 창의적인 것은 지역사회의 건강검진을 로손 주차장에서 실시하도록 한 것이다. 오사카 근교에 위치한 아마가사키 시 당국과 제휴한 것이 시작이었다.

구조는 간단하다. 시 당국은 건강검진 버스를 특정일에 로손 매장으로 보낸다. 로손은 주차장을 제공하고 주민은 건강검진을 받는다. 이 구조가 어떤 의미가 있는가? 보통 건강검진을 받으려면 보건소 등 지방자치단체가 오라는 곳으로 찾아가야 한다. 주민들은 가본 적이 없으니 가고자 하는 마음이 선뜻 생기지 않는다. 반면 편의점은 늘 가던 곳이다. 찾아가는 데 심적 부담이 적다. 건강검진이 실시된다는 사실도 시 당국 입장에선 홍보하기 힘들다. 반면 편의점은 포스터 한 장만 고객 눈에 잘 띄는 곳에 붙여놓으면 된다. 관심 있는 주민은 원하는 날짜를 예약한 뒤 그날 로손 주차장으로 가면 된다. 주민의 건강검진율이 높아지고 로손의 이미지도 좋아지는 일석이조의 효과를 거둘 수 있다.

로손은 건강검진과 아무 관계가 없음에도 불구하고, 검진 버스가 머무를 수 있는 공간이 있다는 점, 지역사회 주민들이 자주 찾는다는 점을 활용해서 새로운 사회공헌 활동을 만들어냈다. 로손은 이후 마츠모토 시, 사가 시 등으로 대상지역을 확대해 나갔다.

혼자 하지 말고
함께 하라

발스파 할 수 있는 것과 없는 것을 구별하다

최근 셔윈-윌리엄스Sherwin-Williams에 인수된 발스파Valspar는 미국의 대표적인 친환경 페인트 회사다. 2016년 매출액은 42억 달러에 달했다.

페인트 회사가 할 수 있는 사회공헌은 무엇일까? 언뜻 저소득 가구 주택을 수리할 때 도색을 도와주거나 어린이집을 새롭게 단장할 때 예쁘게 꾸며주는 활동이 떠오른다.

발스파는 전혀 다른 접근을 했다. 발스파는 빨간색, 노란색, 파란색 등 다양한 색상을 지닌 페인트를 생산한다. 그런데 발스파가 생산하는 다양한 색상의 아름다움을 느끼지 못하는 사람들이 있다. 바로 색맹인 사람들이다. 전 세계에 약 3억 명 이상이 색맹이라고 한다. 발스파는 이들이 아름다운 색상을 볼 수 있도록 도와주고 싶었다.

설명했다시피 발스파는 페인트 회사다. 페인트야 잘 만들지 몰라도 색맹을 치료할 수 있는 기술이 있을 리 없다. 하지만 굳이 그 기술을 해당 업체가 갖고 있어야 한다는 법은 없다. 조사해보니 마침 엔크로마 EnChroma라는 회사가 기술을 갖고 있었다. 색맹인 사람이 엔크로마가 개발한 안경을 쓰면 정상인처럼 세상을 볼 수 있다. 발스파는 엔크로마의 힘을 빌려 '모두를 위한 색상Color for All'이라는 사회공헌 활동을 출범시켰다.

구조는 간단하다. 색맹인 사람이 본인의 경험담이나 비디오 클립을 발스파가 구축한 웹사이트에 올린다. 발스파는 그 중에서 심금을 울리는 내용을 골라 스토리 제공자에게 엔크로마 안경을 선물한다. 스토리를 올린 사람은 1500명에 달했고, 이 중 100여 명에게 안경이 지급됐다. 아울러 색맹인 사람들이 제대로 작품을 감상할 수 있도록 시카고 현대미술관Museum of Contemporary Art Chicago에도 안경을 제공했다.

유튜브에서 발스파를 검색해보자. 색맹인 사람이 안경을 처음 착용했을 때 느낌을 담은 동영상이 나온다. 눈물을 흘리거나 연신 감탄사를 질러댄다. "이게 이런 색이었어?" 하며 수도 없이 안경을 꼈다 벗었다 한다. 옆 사람에게 내가 지금 보고 있는 게 제대로 보고 있는 거냐고 묻는다. 보면서도 믿을 수 없다는 표정이다. 감동 그 자체다.

P&G NGO의 열정과 전문성을 활용한다

생활용품으로 친숙한 P&G에 퓨어PUR라는 제품이 있다. 이 제품이 탄생한 계기는 1991년으로 거슬러 올라간다. 당시 중앙아메리카에 수인성 전염병인 콜레라가 발발했다. 부적합한 식수와 비위생적인 환경에 따른 사망자 수가 에이즈로 인한 사망자 수보다 많은 300만 명에 달한다는 사실이 놀라웠다.

새로운 식수정화 기술의 연구가 필요하다고 느낀 P&G는 1995년 미국 질병통제예방센터CDC와 함께 식수정화 제품을 공동으로 연구하기 시작한다. 몇 번의 시행착오를 거쳐 2000년 분말 1봉지(4g)로 10L의 물을 정화시킬 수 있는 혁신적인 제품을 만드는 데 성공한다. 정화 방법도 단순하다. 오염된 물에 퓨어 한 봉지를 털어넣고 막대기로 5분간 홀홀 젓는다. 그리고 5분만 더 기다리면 오염물질은 바닥으로 가라앉는다. 오염물질이 넘어오지 않도록 주의하면서 필터가 장착된 다른 통으로 천천히 따른다. 이후 20분 정도만 더 기다리면 깨끗하게 정화된 물을 마실 수 있다.

수요자의 소득수준을 고려, 가격은 10센트로 정했다. 업계에서는 파격적으로 저렴한 가격이라 평가했다. 휴대하기 편하게 크기도 약봉지만 하다. 유통기간 3년도 매력 포인트 중 하나였다. 그럼에도 불구하고 판매량은 저조했다. 과테말라, 필리핀, 모로코, 파키스탄에서 실시한 3년간의 시장 테스트에서 수익률이 당초 기대보다 떨어졌다. 재구매율도 5~10% 정도에 불과했다. 연구개발 및 마케팅 비용으로 2003년까지 2000만 달러가 집행된 제품이었다.

시장에서 실패하는 제품은 셀 수도 없다. 그나마 시장 테스트 단계에

P&G 퓨어는 파격적인 가격과 간단한 사용법으로 기대를 모았으나 상업적으로는 실패했다. 그러나 P&G는 이 제품을 CSR상품으로 전환해 기업 이미지를 높였다. 사진은 퓨어로 물을 정화하는 과정을 설명하는 슬라이드

서 접는다면 그만큼 추가로 발생할 비용을 아꼈다고 볼 수도 있다. 그런데 퓨어에 대해서는 경영진이나 임직원이나 아쉬움이 많이 남았다. "분명 상업성이 없는 것은 사실이다. 그런데 이 제품만큼 우리 회사와 우리의 이해관계자들을 잘 엮어주는 상품은 없다."

2003년 가을 P&G는 퓨어를 CSR 상품으로 전환한다. 수익을 내야 하는 일반상품과는 다르게 취급하겠다는 의미다. 비영리조직과 네트워크를 구축하는 작업도 이때부터 시작됐다.

국제인구서비스PSI, 국제개발처USAID, 국제원조구호기구CARE 등과 함께 '안전한 물 마시기 연합Safe Drinking Water Alliance'을 구성했다. 2004년 말 인도네시아를 덮친 쓰나미는 공교롭게도 퓨어를 전 세계에 알리는 계기가 됐다. 2003년부터 P&G와 함께 했던 NGO들은 퓨어의 성능을 누구보다도 잘 알고 있었다. 대형 재난에 꼭 필요한 것이 식수다. 제품 출시 후 300만 개 판매에 불과했던 퓨어가 쓰나미 발생후 2주 만에 1500만 개가 소요됐다.

P&G는 마케팅에 관한 한 둘째가라면 서러워할 회사다. 퓨어를 일반상품에서 CSR상품으로 전환하면서 일반제품과 사회공헌 제품은 성격이 전혀 다르다는 것을 확실히 배웠다. 정작 퓨어를 필요로 하는 개도국 빈곤층에는 일반제품 유통조직이 거의 없다. NGO 자원봉사자들이 일일이 마을을 돌면서 제품을 나눠줘야 한다. 또한 제품의 유용성에 대

해 헌신적으로 설명해줘야 한다. 한 번 얘기해서 못 알아들으면 알아들을 때까지 반복적으로 이야기해야 한다.

피터 드러커는 NGO의 미션, 미션에 대한 헌신, 열정을 일반기업에서 벤치마킹해야 한다고 말했다. 쉽지 않은 일이다. NGO 전문가들이 열정을 갖고 개도국에 가서 제품을 설명하고 나눠줘야만 가능한 사회공헌 사업들이 많다. 이러한 점을 몸소 체험했다는 것은 P&G 입장에서 큰 소득인 셈이다.

분석 멀리 가려면 함께 가라

기업이 광고를 하는 이유는 뭘까? 자기가 무엇을 하는지 널리 알리기 위함이다. "광고 없이 사업하는 것은 칠흑 같은 어둠 속에서 사랑하는 연인을 향해 윙크하는 것과 같다. 우리는 우리가 하는 일을 잘 알지만, 다른 사람은 모른다". 노스웨스턴 대학의 스튜어트 브리트Stuart Britt 교수가 광고의 기능에 대해 한 말이다. 어디 광고에만 국한될까? 사회공헌이라고 예외는 아니다.

"사회공헌 활동을 위해 엄청나게 많은 비용을 투자하고 있는데 누구 하나 알아주는 사람이 없습니다." 많은 CEO들이 사회공헌 활동에 관련해서 아쉬움을 토로하는 대목이다. "사회공헌을 외부에 알리기 위해서 하느냐, 남들에게 칭찬받는 게 목적이라면 진정성 있는 사회공헌이 아니다." 맞는 말이다. 그래서 겉으로는 고개를 끄덕인다. 하지만 속이 편치는 않다.

글로벌 NGO와 공동으로 수행하는 프로젝트는 그 자체가 기삿거리다. 언론에서 관심을 갖고 취재에 임한다. 유니세프와 같은 글로벌 NGO 브랜드는 매출을 높이기도 한다. P&G의 '원 팩 = 원 백신' 프로그램을 떠올려보자. P&G의 팸퍼스 기저귀에 유니세프 마크가 찍혀 있다. 팸퍼스는 기저귀의 품질을 책임진다. 유니세프 마크는 내가 구매하면 아프리카에 한 개의 백신이 기부됨을 약속한다. 매출이 갑작스럽게 늘어난 이유는 품질이 좋아져서가 아니다. 글로벌 NGO에 대한 믿음 때문이다.

중소기업 입장에선 남의 나라 이야기일 수도 있다. "아니, 글로벌 NGO랑 함께하면 좋은 걸 누군 모르나? 그들이 우리를 모르는데 어떻게 함께 일할 수 있겠어?" 시도해보지 않고는 모르는 일이다. 성패 여부는 얼마만큼의 진정성과 적극성을 가지고 일을 만들어가느냐에 달려 있다. 카처도 세계문화유산 청소 프로젝트 허가를 따내는 데만 2년 넘는 시간이 걸렸다.

02

쉽고, 재미있고,
투명하게

노숙인 자립의지를 높여주는
스마트 기술들

2016년 4월 연합뉴스는 서울의 노숙인 수가 850명에 달하는 것으로 집계했다. 시기별로 차이가 나는데 여름철에는 1000명 정도가, 추운 겨울에는 500명 정도가 서울역, 용산역, 영등포역에서 노숙생활을 하고, 노숙인 시설에 입소한 사람도 400~500명에 달하는 것으로 발표했다.

이들을 어떻게 도와줄 수 있을까? 단순한 금전적 지원은 위험하다. 술 마시는 데 사용될 확률이 높다. 통계에 따르면 노숙인의 40%가 알코올 중독인 것으로 조사됐다.

〈빅 이슈〉라는 잡지가 있다. 노숙인이 판매하는 5000원 가격의 잡지다. 영국에서 시작해서 2015년 기준 서울을 비롯한 10개국 14개 도시에서 판매되고 있다. 노숙인의 삶을 바꾸는 사회공헌 모델로 평가받는다. 어떤 구조이기에 삶을 바꿨다는 평가를 받을까?

이전에는 노숙인을 위한 프로그램이라고 하면 주로 먹을 것과 잠자리를 제공하는 정도였다. 그것만으로는 노숙인의 삶을 바꿀 수 없었다. 물질보다 노숙인에게 절실하게 필요한 것은 열심히, 제대로, 정상인처럼 살겠다는 '의지'였다. 단순한 도움만으로는 이러한 혁신을 이끌어내기에 역부족이었다.

〈빅 이슈〉는 무엇이 달랐을까? 비즈니스 모델을 살펴보자. 노숙인이 '빅판(빅 이슈 판매원)'으로 등록한다. 판매원으로 등록하면 먼저 판매원으로서 새로운 삶을 살기 위한 정신교육을 받는다. 이 과정을 마치면 〈빅 이슈〉 10부를 무료로 제공한다. 모두 팔면 5만 원을 벌 수 있다. 이제 자본금이 생겼다. 노숙인은 이 돈으로 〈빅 이슈〉를 권당 2500원에 추가 구매한다. 한 권 팔 때마다 2500원이 남는 셈이다. 이렇게 모은 돈으로 새로운 인생을 살아가는 기초를 마련한다. 적은 돈일 수도 있지만 스스로 살아가고자 하는 재활 의지를 일깨운 빅판들은 더 이상 술에 절거나, 세상의 무관심에 버림받은 사람이 아니다. 그들은 자신이 노숙인임을 세상에 공개적으로 알릴 수 있는 용기를 지닌 사람이기도 하다. 이런 사람들이 재활할 수 있는 사회가 제대로 된 사회다. 그래서 뜻있는 사람들은 기꺼이 〈빅 이슈〉를 산다.

네덜란드 광고 회사, 사회적기업, 핀테크 기업이 협력해 개발한 '돕는 마음' 재킷

　〈빅 이슈〉 구입가인 5000원이 부담스러운 사람도 있을 수 있다. 좀 더 적은 금액을 그냥 기부할 수는 없을까. 단, 노숙인들이 그 돈으로 결국 술이나 사먹게 되는 역효과를 일으키지 않는다는 전제 하에서 말이다. 아울러 신용카드로 기부할 수 있는 방법은 없을까. 현금을 갖고 다니지 않는 사람들이 점점 늘어나고 있기 때문이다.

　2016년 11월 네덜란드 광고회사인 N=5는 사회적기업, 핀테크 기업 등과 협력해 '돕는 마음Helping Heart'이라는 특별한 재킷을 만들어 암스테르담의 노숙인들에게 배포했다. 이 재킷 왼편 상단에는 신용카드 결제가 가능한 태그가 부착돼 있다. 시민들이 자신의 신용카드를 이 태그에 대면 1유로가 자동 결제된다. 이 돈은 노숙인 쉼터가 관리하는 은행 계좌로 이체된다. 당연히 술을 사먹을 수 없다. 이 돈은 쉼터에서의 취침, 음식 구입, 목욕, 어학공부와 같은 자기계발 등으로 용도가 엄격히 제한돼 있다.

실제 본인의 신용카드를 대어본 네덜란드 시민은 새로운 시스템에 대해 호평했다.

"그 전에는 노숙인이 제 옷을 붙잡거나, 빈 종이컵을 내밀면서 도움을 요청했어요. 지금은 본인의 재킷을 손가락으로 가리키며 기부를 요청하더군요. 산뜻한 느낌이었습니다. 과거에 돈을 주면 그 돈을 들고 냉큼 술 파는 상점으로 달려가는 것을 보고 씁쓸했죠. 그 다음번에는 샌드위치를 준비했다가 건네줬어요. 어떻게 하나 살펴봤더니 샌드위치를 쓰레기통에 버리더라고요. 이에 비하면 새로운 기부 시스템은 대단히 효율적입니다."

기아와 비만의 해결,
테이블포투

테이블포투Table For Two, TFT는 2007년 일본에서 설립된 비영리단체다.

고구레 마사히사小暮真久라는 젊은 청년이 '지속가능한 발전' 분야의 대가인 제프리 삭스 교수와의 만남을 계기로 개도국의 굶주린 삶에 대해 눈을 뜨면서 설립했다. TFT 활동은 이후 미국, 홍콩, 영국 등 세계 여러 나라로 확산됐고, 우리나라에는 2011년 1월에 시작됐다.

TFT는 기업이나 학교 구내식당, 레스토랑, 소매점 등 다양한 기관과 파트너십을 맺는다. 파트너십을 맺은 식당에서는 '나는 조금 덜 먹고, 남과 나누는 마음'이 반영된 저칼로리 건강식을 소비자에게 제공한다. 소비자가 한 끼를 먹을 때마다 최소 300원이 기부금으로 쌓인다. 이 돈은 극심한 식량부족을 겪고 있는 나라에서 학교 급식 한 끼에 해당하는 금액이다. 내가 한 끼의 식사를 하면 지구 반대편의 어린이 한 명에게 식사가 제공되는 원포원 모델이다.

TFT는 선진국과 개도국 간의 식량 불균형 해소를 목적으로 설립됐다. 전 세계 70억 명의 인구 중 선진국에서는 약 10억 명이 당뇨병이나 대사증후군 등 영양 과잉으로 인한 건강문제와 씨름하고 있다. 반면 개도국에선 또 다른 10억여 명이 배고픔과 영양실조에 시달리고 있다. TFT는 한 끼의 식사를 통해 넘치는 칼로리를 부족한 곳으로 전달하겠다는 미션을 갖고 있다.

2016년 〈타임〉 선정 25대 발명품에 포함된 팔찌도 원포원의 성격을 갖고 있다. 미국 아이들 4명 중 1명이 운동부족이다. 반면 전 세계적으로 4명 중 1명의 아이는 끼니를 챙기지 못한다. 유니세프의 손목에 차는 웨어러블 기기인 키드 파워 밴드Kid Power Band는 두 가지 문제를 동시에 해결하기 위해 개발됐다. 팔찌는 스마트폰과 연동돼 아이들에게 미션을 부여한다. 활동량을 체크해 목표를 달성하면 전 세계 영양실조 아동들에게 음식을 보낼 수 있는 포인트를 제공한다. 미국의 아이들은 많이 걸음으로써 살을 빼고, 살을 빼서 받은 포인트를 기부해 가난한 나라 아이들을 돕는 구조다. 유니세프는 아이들이 기부한 포인트와 제품 판매 수익금으로 끼니 굶는 아이를 도와준다. 2017년 3월 기준으로 기부된 포인트를 환산한 결과 20만 명의 어린이가 프로그램에 참여해 520만 끼니에 해당하는 음식을 영양실조 아동들에게 전달했다.

정보기술과 사회공헌이 결합한 시각장애인 돕기

WHO의 통계에 따르면 전 세계 2억 8500만 명이 시각장애인이다. 전 세계 인구의 약 4% 정도에 해당한다. 국내에선 22만 명이 시각장애를 갖고 있는 것으로 추정된다.

정보기술의 발달은 시각장애인을 위한 자원봉사의 새로운 장을 열

HOW UNICEF KID POWER WORKS

Participation has its rewards. Here's how UNICEF Kid Power turns fun physical activity into positive social impact.

Step **1**

Kids get active with the UNICEF Kid Power Band and go on missions to earn points.

Step **2**

The more kids move, the more points they earn, the more lives they save.

Step **3**

Points unlock packets of therapeutic food, which UNICEF delivers to severely malnourished children.

4차 산업혁명을 이끌고 있는 기술혁신은 사회공헌에도 새로운 바람을 불어넣고 있다. 사진은 유니세프의 키드 파워 밴드

어줬다. 2015년초 아이폰용 앱 마켓에 획기적인 앱이 등록돼 눈길을 끌었다. '비 마이 아이즈Be My Eyes(저의 눈이 돼주세요)'라는 이름을 지닌 시각장애인 돕기 앱이 그것이다.

시각장애인이 냉장고를 열고 우유를 집어든다. 유통기한이 지난 것은 아닌지 걱정된다. 앱을 작동시키면 자원봉사자와 화상통화가 연결된다. 자원봉사자의 요청에 따라 우유팩을 반 바퀴 돌린다. 유통기한을 확인한 자원봉사자가 말한다. "아직 사흘 남았어요. 맘 놓고 드세요."

이 앱은 한스 예르겐 비베르그Hans Jørgen Wiberg라는 덴마크의 시각장애인이 만들었다. 같은 처지의 사람들과 이야기를 나누던 중 "긴 대화 상대보다 그때그때 상황에 맞춰 짧은 도움을 주는 사람이 더욱 절실하다" "가족, 친구 외에 더 많은 사람들과 연결된다면 좀 더 쉽게 도움을 받을 것 같다"는 얘기에 공감대가 형성됐다. 필요성은 충분했다. 기술은 기술자에게 의뢰하면 된다. 이 앱의 등록자수는 출시 8개월 만에 시각장애인 2만 2000명, 자원봉사자 29만 명을 돌파했다. 아이디어도 기발했지만, 자원봉사자의 수가 시각장애인의 10배가 넘었다는 점도 감동적이다.

전기가 필요 없는 조명, 전기를 만드는 축구공

알프레도 모세르Alfredo Moser는 브라질에 거주하는 엔지니어다. 갑자기 전기가 나가 일을 할 수 없었던 그는 전기 없이도 가게를 밝혀줄 페트병 전구를 개발해 인터넷에 올렸다. 원리는 단순하다. 음료수용 1리터 페트병에 물을 채우고 표백제 몇 숟가락을 넣는 게 전부다. 표백제는 페트병 안에 녹조현상이 생기는 것을 막기 위해 필요하다.

브라질 빈민가의 지붕은 보통 양철로 돼 있는데, 이 병의 지름에 맞춰 양철지붕을 원 모양으로 잘라낸 뒤 병의 상부는 천장 바깥에, 하부는 집안 천장 내부에 들어오도록 고정시킨다. 그러면 태양 빛의 산란효과로 인해 캄캄한 방안이 전구를 켜놓은 것처럼 밝아진다. 이것이 페트병을 활용한 '1리터의 빛Liter of light' 이다.

이 아이디어를 본 필리핀의 사회사업가 일락 디아즈Illac Diaz는 필리핀 빈민가에 이 기술을 적용하기로 마음먹는다. 필리핀 빈민가는 밤이나 낮이나 늘 어두운 것으로 악명이 높다. 모두가 알다시피 조명을 사용하려면 전기가 필요하다. 그런데 필리핀은 일본, 싱가포르와 더불어 아시아에서 가장 전기료가 비싼 나라로 꼽힌다. 전구가 있더라도 전기료 때문에 함부로 켤 수가 없다. 대낮의 상황은 더 심각하다. 채광시설이 잘 돼 있으면 그나마 다행이지만 필리핀 빈민가는 집들이 다닥다닥 붙어 있는 탓에 낮에도 어둡기는 마찬가지다.

처음에는 100개 정도를 무상으로 배포해 빈민지역 주민의 반응을 살폈다. 쓸 만한 제품이라는 입소문이 퍼지자, 설치인력을 고용해 개당 1달러 정도의 배포 및 설치비를 받았다. 설치인력이 소득을 창출할 수 있는 비즈니스 모델을 결합시킨 것이다.

페트병을 활용한 조명 시스템 1리터의 빛이 설치된 빈민가 가정

　페트병을 활용한 조명 시스템인 1리터의 빛은 전기세가 들지 않는다. 전기를 사용하지 않으니 당연하다. 돈이 안 드는 만큼 보급이 용이하다. 날씨가 맑은지 흐린지에 따라 밝기에 차이가 나지만, 생활에 지장을 줄 정도는 아니다. 간단한 기술이라 누구나 쉽게 만들 수 있는데, 그 쉬운 방법마저도 그림으로 설명된 자료를 인터넷에서 쉽게 얻을 수 있다. 글씨를 모르는 사람도 설치할 수 있도록 배려한 것이다. 페트병도 자원 재활용 차원에서 매우 의미 있는 것으로 평가받는다. 한 번 설치하면 10개월 정도만 쓸 수 있고, 낮에만 사용 가능하다는 제약이 있지만 어두운 빈민가에는 꼭 필요한 제품으로 인기를 끌고 있다.

그런데 낮을 환하게 밝힌다는 말이 이상하게 들릴 수 있다. 낮은 어차피 환하지 않은가? 개도국 빈민가의 가가호호를 방문해보면 낮 또한 밤처럼 어둡다는 사실을 알고 놀란다. 이들에게는 낮을 밝혀주는 페트병 전구가 소중한 존재임에 틀림없다. 어디 빈민가가 필리핀에만 있으랴. 채광이 어려운 전 세계 빈민가로 페트병 모델은 확산돼 나가고 있다.

기술과 놀이를 접목한 축구공 이야기도 흥미롭다.

많은 어린이들이 공터에 모여 공을 차며 놀고 있다. 축구공 모양을 띤 이 공은 평범한 축구공이 아니다. 놀이를 할 때 발생하는 운동에너지를 전기에너지로 바꿔주는 소켓Soccket이라는 제품이다. 30분 축구하면 3시간 동안 LED전구를 밝힐 수 있는 에너지를 얻는다. 공 표면에 플러그가 있어 필요할 때 전등을 꽂아 쓰면 된다. 이 제품은 2008년 하버드대학 학생이던 제시카 매슈스Jessica Matthews와 줄리아 실버맨Julia Silverman이 수업시간 과제로 개발한 것이다. 월드컵이 올림픽과 쌍벽을 이룰 만큼 축구는 전 세계적으로 인기있는 스포츠다. 그 운동에너지를 모아 개도국 사람들을 위해 쓸 수 있는 방법을 찾겠다는 아이디어가 소켓을 탄생시켰다.

이들은 3년 뒤인 2011년에 사회적기업인 언차티드 플레이Uncharted Play
를 창업했다. 플러그에는 전등뿐 아니라 휴대폰, 선풍기 등 다른 전기
제품의 전원을 꽂을 수도 있다. 실용성이 매우 높은 제품으로 진화하고
있는 셈이다.

의수의족,
만드로의 꿈

　지뢰를 밟았건 교통사고로 다쳤건 다리를 잃은 사람에겐 의족이 필
요하다. 발, 장딴지, 허벅지까지 잇는 의족부터 발만 있는 의족까지 종
류가 다양하다. 성능 및 부위에 따라 가격도 천차만별인데 2만 달러까
지 나가기도 한다. 하루 2달러를 벌어 근근이 살아가는 개도국 빈곤층
입장에서는 그림의 떡일 뿐이다.

　1975년 의족관련 생산 및 보급을 전문으로 하는 NGO가 인도에 등
장했다. 단체 이름은 BMVSSBhagwan Mahaveer Viklang Sahayata Samiti다. 의족
과 관련해서는 전 세계에서 규모가 가장 큰 NGO다. 1990년대에 인도
국립은행장을 지낸 데벤드라 라지 메타Devendra Raj Mehta가 설립을 주도
했다. 그는 1970년대 초반 큰 교통사고를 겪으면서 다리 절단 직전까

지 가는 상황을 경험했다. 이를 통해 다리를 잃은 사람들의 고통을 느끼고 관련 단체를 설립했다고 한다.

이 NGO에서 생산하는 의족의 명칭은 인도북부 마을인 자이푸르 Jaipur의 이름을 따서 발만 대신하는 의족을 자이푸르 풋Jaipur foot, 장딴지 또는 허벅지 부위까지 있는 의족을 자이푸르 레그Jaipur leg라고 부른다. 고무로 만든 이 제품은 유연성이 뛰어나 자연스러운 걸음을 가능하게 한다. 방수는 물론 가볍기도 하다. 제작시간도 3시간 정도면 충분하다. 짧으면 하루, 길어봐야 사흘 정도 착용하면 금방 적응할 수 있고, 내구연한은 5년 정도라고 한다. 자이푸르 풋은 제작비용을 28달러까지 떨어뜨렸다. NGO는 필요한 사람들에게 무료로 배포한다. 연간 2만 명 이상이 혜택을 받는다.

의수, 의족을 제작하는 업체 중 눈여겨볼 만한 우리나라 기업이 있다. 3D 의수 전문 제작업체인 만드로Mandro다. 이 회사의 대표인 이상호 씨는 당초 삼성전자 연구원이었다. 2013년 미국 실리콘밸리에서 3D 프린팅을 처음 접한 그는, 맞춤형 전자의수 제작에 도전해 새로운 인생을 걸고 있다. 창업 동기가 의미심장하다. 2015년 1월 3D 프린팅 관련 인터넷 카페에서 누군가가 올린 글을 접하게 된다. 사고로 양쪽 손목이 절단됐는데, 의수 가격이 너무 비싸 절망적이라는 내용이 담겨 있었다. '딱 한 달만 재능기부 하자'고 마음먹었던 것이 그의 인생을 바꿔놓았다.

독일제나 영국제 전자의수는 내구성, 디자인, 구동 등 어딜 보더라도 흠잡을 데가 없다. 문제는 가격이다. 팔 한쪽에 약 4000만 원. 게다가 내구연한도 5년 정도다. 그 기간이 지나면 적잖은 보수비용이 발생한다. 3D 프린팅의 강점은 가격과 맞춤화에 있다. 100만 원 이하를 목표로 했다. 사람마다 다른 전자의수의 사이즈를 체형에 맞게 제작했다. 이 의수는 개발 직후 코이카KOICA 해외지원사업에 선정됐다. 2018년까지 시리아 난민을 위해 500개 의수가 공급될 예정이다.

노숙인 돕기, 비만과 기아의 불균형 해소, 시각장애인 돕기, 전기가 필요없는 조명, 의수와 의족 제작이라는 5가지 분야를 살펴봤다. 적정기술로 문제를 해결하기도 하고, 정보통신 기술을 접목시켜 좀 더 다양한 방법으로 해결책을 제시하기도 한다. 앞의 여러 사례에서 보았듯이, 도움을 필요로 하는 사람들을 위해 소명의식을 갖고 살아가는 사람들이 생각보다 많다. 일에 있어서 소명의식이 왜 중요한지 살펴보자.

인사관리 전문가들은 일을 바라보는 세 가지 관점으로 생계수단, 경력과정, 소명을 꼽는다.

생계수단이 목적인 사람은 돈 때문에 일한다. 의무적으로 일하고 조금이라도 더 많이 쉬려 한다. 경력과정이 목적인 사람은 성장이 주된 관심사다. 당장의 수입은 그다지 중요하지 않다. 시간이 지나면 그만큼 시간당 임금이 높아지고, 그에 비례해서 수입이 늘어난다. 자신의 일에 많은 관심과 열정을 지니고 있다. 일을 소명의 관점에서 바라보는 사람은 자신이 하고 있는 일 자체가 삶의 목적, 삶의 의미다. 세상에는 경제적 보상보다 중요한 게 많다는 걸 깨우친 사람이다. 도움이 필요한 사람이 누구인가를 찾고, 그들을 돕기 위한 방법을 찾는 데 생각을 집중하는 사람들은 소명의식으로 충만하다.

사회적 기여를 추구한다고 해도 매출과 이익을 포기할 수 없는 기업의 입장에서는 소명만을 추구하기 어렵다. 하지만 소명을 추구하는 기업을 도와주는 일은 얼마든지 가능하다.

일본의 NEC가 좋은 예다. 이 회사는 2002년부터 사회문제 해결을 추구하는 비영리단체나 소셜벤처를 육성하기로 마음먹었다. NEC는 NEC 사회기업숙社会起業塾을 만들어 16년째 활동을 해오고 있다. 1979년에 설립된 마츠시타정경숙The Matsushita Institute of Government and Management은 정치와 경제에 뜻이 있는 젊은이를 모아 3년 정도 합숙시키며 인재를 양성한다. NEC 사회기업숙은 사회문제 해결에 뜻이 있는 젊은이를 모아 반년 정도 합숙시키며 인재를 양성한다. 시대의 변화는 새로운 니즈를 만들고, 기업이 그에 대응하는 형국이다. 기업이 사회에 기여하는 방법 중 하나로 NEC 방식을 권장하고 싶다. 아이디어가 있고 뜻이 있지만 네트워크가 없고 자금이 없는 젊은이들은 찾아보면 꽤 있다. 이들

을 연결시켜주고 자금지원을 통해 제대로 된 조직으로 성장시키는 것
도 의미 있는 일이다.

결론

목적이 있는 기업으로 거듭나기

미국 캘리포니아에 있는 새들백교회 설립자인 릭 워런 목사는 미국뿐 아니라 전 세계적으로 가장 영향력 있는 기독교계 리더 중 한 명이다. 워런 목사가 세계적 명성을 얻게 된 데에는 그의 저서 《목적이 이끄는 삶》이 결정적 계기가 됐다. 2002년 출간된 이 책은 지금까지 전 세계 50여 개 언어로 번역돼 4000만 부 이상 팔렸다. 인생의 참된 의미와 목적, 진정한 사랑과 나눔을 실천하는 법에 대해 다뤄 기독교인은 물론 비신자들에게도 널리 읽혔다.

《목적이 이끄는 삶》을 비즈니스와 연관지어 생각할 때 떠오르는 회사는 세계 2위의 식음료 업체인 펩시코PepsiCo다. 1902년 콜라 회사로 출발한 이 기업은 경쟁사인 코카콜라에 밀려 근 100년간 '만년 2등'의 그늘에서 벗어나지 못했다. 그러나 2000년대 들어 탄산음료에 집중돼 있던 비즈니스 포트폴리오를 과일주스, 스포츠음료 등 무탄산음료와

오트밀 등 웰빙 스낵으로 다각화하며 2000년대 들어 코카콜라보다 월등히 높은 성장세를 보였다.

펩시코의 눈부신 성장에 혁혁한 공을 세운 사람은 〈포춘〉이 2006년부터 2010년까지 5년 연속으로 세계에서 가장 영향력 있는 비즈니스 우먼으로 선정한 인드라 누이Indra Nooyi다. 1994년 펩시코에 합류한 누이는 피자헛, 타코벨 등 외식사업부 분리 매각, 트로피카나 인수, 퀘이커와의 합병 등을 이끌며 펩시코 체질 변화에 주도적 역할을 했다. 그녀가 2006년 CEO로 등극했을 때 내건 기치가 '목적이 있는 성과 Performance with Purpose'다.

목적이 있는 성과는 펩시코의 지속가능한 성장을 위한 캐치프레이즈다. 영양적으로 균형을 갖춘 건강한 먹거리를 친환경적인 방법으로 생산해 이익을 창출, 건전한 재정 소득의 일정 부분을 지역사회에 환원한다는 게 골자다.

대표적인 실천 사례로 2010년 향후 3년간 300만 달러를 투입하겠다고 공표한 페루농업개발연구소CEDAP 설립 계획을 들 수 있다. 이 연구소는 다양한 감자 신품종을 개발하고 관련 재배기술을 지역 농가에 전수하는 역할을 맡았다. 펩시코의 포테이토칩에 사용할 감자의 품질을 높이려면 감자의 원산지인 가난한 페루 농가의 소득 및 생산성 증진에 힘써야 한다는 취지에서 마련된 계획이다.

1983년 당시 펩시코 임원이었던 존 스컬리John Sculley를 애플로 영입하기 위해 스티브 잡스가 그에게 "평생 설탕물이나 팔고 살 거요?"라고 말했다는 일화는 유명하다. 한때 설탕물만 팔던 그 회사는 핵심 비즈니스와 지역사회 간 공동 성장이라는 선순환 구조를 확립하며 지속적인 성장을 거듭해오고 있다. 펩시코뿐 아니다. 네슬레, GE, IBM 등 유수 글로벌 기업들이 다양한 형태로 비즈니스 기회창출과 사회공헌을 동시에 추구하며 공유가치를 만들어가는 데 힘쓰고 있다. 인간이건 기업이건 건강한 삶을 영위하고 지속적인 생명력을 갖기 위해서는 목적과 사명의식이 필요하다.

지속성장과 수익이라는 두 마리 토끼를 잡다

유니레버는 장기 성장과 지속가능성을 기업의 최대 가치로 삼고 있는 회사다. 이런 경영철학은 130여 년 유니레버 역사상 처음으로 외부에서 영입된 폴 폴만Paul Polman이 수장을 맡은 이후 더욱 강화되고 있다. P&G에서 27년, 네슬레에서 3년간 일해온 폴만은 지난 2009년 글로벌 금융위기로 어려움에 빠진 유니레버의 구원투수 역할을 맡게 됐다. CEO로 취임한 후 그는 단기 실적에 연연하지 않고 장기적 관점에서 사업을 추진하기 위해 분기별 실적 전망 제시를 중단하는 용단을 내렸다. 전례 없는 결정에 주주들과 잠재적 투자자 모두 경악했지만 "유니레버가 추구하는 장기 가치창출 모델에 대한 신뢰가 없다면 다른 곳에 투자하라"는 도발적 발언도 서슴지 않으며 밀어붙였다.

폴만은 또한 지속가능한 성장을 향한 유니레버의 핵심가치를 이해하고 공유하기 위해 힘썼다. 취임 이듬해인 2010년 '지속가능한 삶 계획Sustainable Living Plan, SLP'이라는 청사진을 발표하며 2020년까지 인류의 건강과 행복 증진 및 환경보호를 위해 유니레버가 달성하고자 하는 목표를 구체적으로 제시한 게 대표적 예다. 제품에서 트랜스지방 사용을 줄이고, 지속가능한 방식으로 생산된 농산물의 구매 비중을 확대하며, 포장재 사용량을 감축하는 등 원재료 조달부터 제품생산 및 소비에 이르는 전 단계에 걸쳐 책임 있는 기업 시민으로서의 노력을 통해, 2020년까지 지구 환경에 끼치는 부정적 영향을 절반으로 줄이겠다고 공표했다. 지구를 살리는 게 돈이 된다고 굳게 믿는 폴만의 의지가 여실히 드러나는 대목이다.

폴만의 리더십 아래 2009년 398억 유로였던 유니레버의 매출액은 2016년 527억 유로로 증가했고, 같은 기간 영업이익은 50억 유로에서 78억 유로로 늘었다. SLP라는 비전을 핵심전략으로 끌어안으며 조직원들로부터 공감을 얻어낸 결과다. 그가 언제까지 유니레버의 수장으로 남아 있을지는 미지수다. 거대 다국적기업의 CEO라기보다는 일견 환경운동가처럼 보이는 그를 향해 여전히 의구심을 갖는 이들이 있다.

하지만 명확한 비전을 조직원들과 공유하며 지속가능한 성장을 위해 자신의 경영철학을 담대하게 펼쳐가는 그의 리더십은 주목할 가치가 충분하다.

　기업의 사회적 책임CSR에 관한 세계적 권위자인 존 엘킹턴John Elkington은 1994년 '지속가능경영의 3대 축Triple Bottom Line, TBL'이라는 개념을 주창했다. 기업이 지속가능한 성장을 하려면 전통적으로 중시해온 재무적 성과 외에 환경 및 사회에 끼치는 영향력까지 종합적으로 고려해야 한다는 생각으로, '인류·지구·이익'을 뜻하는 '3PPeople, Planet and Profit'로 보다 구체화할 수 있다. 엘킹턴이 그의 저서《21세기 기업가 정신The Breakthrough Challenge》에서 지적했듯이 오늘날 기업들은 '붕괴breakdown'와 '돌파breakthrough'의 갈림길에 놓여 있다. 기업과 시장, 심지어 자본주의 체제에 대한 신뢰마저 흔들리고 있는 21세기에 단기 재무 성과 개선에만 연연하는 기존 전략으로는 붕괴를 피하기 어렵다. 사고방식과 전략, 투자 등 모든 측면에서 장기적인 관점이 필요하다.

　지속가능한 성장은 말로만 떠든다고 이룰 수 있는 게 아니다. 기업(이익)과 인류, 지구의 공생번영에 대한 비전을 추구하며 과거의 성장 패러다임과 싸워 정면 돌파해야만 이뤄낼 수 있다. 환경보호에 힘쓰는 게 기업과 주주를 위한 길이라는 믿음, 주주들의 반발에도 굴하지 않고 장기 가치를 우선시하는 담대한 리더십이 없다면 쉽게 얻어질 수 없다.

100번째 원숭이 효과를 기대하며

1950년대 일본 교토대 영장류연구소 학자들이 미야자키 현 고지마幸島에 서식하는 야생 원숭이들에게 흙이 묻은 고구마를 나눠주고 어떻게 먹는지를 관찰했다. 처음에 원숭이들은 고구마를 몸에 문지른 후 먹거나 손으로 고구마에 붙은 흙을 털어내는 등의 꾀를 냈다. 그러던 어느 날 '이모イモ'라고 이름 붙여진 생후 18개월 된 암컷 원숭이가 고구마를 강물에 씻어먹기 시작했다. 그후 한 달쯤 지나자 이모의 또래 원숭이가, 넉 달 뒤엔 이모의 어미가 이모처럼 고구마를 물에 씻어먹었다. 나이 든 원숭이와 대다수 수컷들은 여전히 고구마를 씻지 않은 채 먹었다. 하지만 어린 원숭이와 암컷 원숭이를 중심으로 고구마를 씻어 먹는 행태가 조금씩 퍼져나갔다.

그러던 어느 해, 가뭄이 심해 강물이 마르자 원숭이들은 바닷물에 고구마를 씻어 먹기 시작했다. 염분이 고구마에 더해져 더욱 맛있었기 때문이었는지 원숭이들은 가뭄이 끝난 후에도 계속 바닷물에 고구마를 담가 간을 맞춰 먹었다. 하지만 10년이 지난 후에도 나이 든 원숭이들은 여전히 고구마를 씻지 않았다. 그러나 고구마를 씻어 먹는 원숭이의 숫자가 소위 '100마리'라는 임계점에 도달하자 놀라운 일이 벌어졌다. 고지마의 모든 원숭이가 고구마를 씻어 먹게 된 것이다. 더욱 신기한 일은 고지마와 바다를 사이에 두고 멀리 떨어져 있는 다카자키야마高崎山

서식 원숭이들까지도 고구마를 씻어 먹기 시작했다는 점이다.

저명한 동식물학자인 라이얼 왓슨Lyall Watson은 이렇게 어떠한 접촉도 없던 지역의 원숭이들 사이에 동시다발적으로 발생한 행태에 대해 '100번째 원숭이 효과'라고 명명했다. 이후 이 용어는 어떤 행위를 하는 개체수가 일정량에 이르면 그 행동이 해당 집단에만 국한되지 않고 거리나 공간의 제약을 넘어 확산되는 현상이라는 뜻으로 확대돼 쓰이게 됐다.

이러한 확대 해석에 대해선 학자들 간 의견이 분분하다. 고지마와 다카자키야마 원숭이들의 고구마 세척 행태는 인과관계가 없는 별개의 사건으로 단순한 우연에 불과하다는 반론도 있다. 그러나 분명한 점은 실험이 시작된 지 60여 년이 지난 지금도 고지마 원숭이들이 바닷물에 고구마를 씻어 먹고 있다는 사실이다. 이제는 고구마에 묻은 흙을 털어내기 위해서가 아니라 간이 배인 고구마 맛을 즐기기 위해서다.

어떤 조직에나 변화와 혁신을 거부하는 '나이 먹은 수컷 원숭이' 세력이 있기 마련이다. 하지만 변화를 선도하는 '어린 암컷 원숭이' 역시 분명 존재한다. 100번째 원숭이라는 임계점에 도달했을 때 고지마 야생 원숭이 집단 전체가 바뀌었다. 고구마를 씻어 먹는 혁신적 행위는 '세척'에서 '조미'라는 목적으로 진화돼 세대를 넘어 내려오고 있다. 그 시작은 단 한 마리의 어린 암컷 원숭이, 이모였다.

이익에만 집중할 것인가, 사회적 가치까지도 추구할 것인가는 여전히 갈등의 대상이다. 나이 먹은 수컷 원숭이는 여전히 '사회적 가치를 추구하면 이익은 줄지 않을까' 걱정한다. 하지만 어린 암컷 원숭이는 이미 등장했고 알게 모르게 그 숫자는 증가하고 있다. 앞서 설명한 사례들이 그 증거다. 이제 여러분이 암컷 원숭이로 변신할 때다. 100번째 원숭이가 등장해서 모든 기업이 사회적 가치를 추구하는 모습을 상상해보자. 그 상상만으로도 입가에 미소가 지어지지 않는가?

사진 출처

p22 @신현암
p38 @wikicommon
p43 @wikicommon
p50 @서천군 홈페이지
p54 @CVS 홈페이지 @wikicommon @wikicommon
p78 @wikicommon
p83 @Olam
p90 @Gap Inc.
p100 @Tata
p103 @Godrej
p108 @Grameen Danone
p120 @Aravind Eye Hospital
p124 @LifeSpring Hospital
p131 @Global ChangeAward
p143 @Chipotle
p147 @Sproxil
p156 @Target
p164 @Innocent blog
p197 @Cemex
p207 @Warby Parker
p215 @OneSight
p230 @wikicommon
p243 @Kärcher
p253 @wikicommon

※ 본문의 사진은 가능한 한 저작권과 출처 확인 과정을 거쳤습니다. 그 외 저작권에 관한 사항은 흐름출판 편집부로 문의해 주시기 바랍니다.

사회를 변화시키며 수익을 내는 비즈니스 모델

빅프라핏

초판 1쇄 발행 2017년 12월 8일
초판 7쇄 발행 2024년 6월 28일

지은이 신현암·이방실
펴낸이 유정연

이사 김귀분
책임편집 신성식 **기획편집** 조현주 유리슬아 서옥수 황서연 정유진 **디자인** 안수진 기경란
마케팅 반지영 박중혁 하유정 **제작** 임정호 **경영지원** 박소영 **교정교열** 정진숙

펴낸곳 흐름출판(주) **출판등록** 제313-2003-199호(2003년 5월 28일)
주소 서울시 마포구 월드컵북로5길 48-9(서교동)
전화 (02)325-4944 **팩스** (02)325-4945 **이메일** book@hbooks.co.kr
홈페이지 http://www.hbooks.co.kr **블로그** blog.naver.com/nextwave7
출력·인쇄·제본 프린탑

ISBN 978-89-6596-242-7 03320